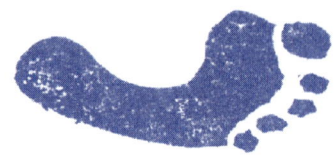

Zu diesem Buch

Für eine gesunde körperliche, aber auch für eine harmonische geistige, emotionale und soziale Entwicklung sind Spiel- und Bewegungserfahrung unerlässlich. Musik bringt alle Kinder ganz leicht in Bewegung, und im Kindergarten, in Familien, Grundschulen usw. sind Bewegungslieder beliebter denn je.

Fredrik Vahle,

geb. 1942, schreibt seit Anfang der siebziger Jahre Kinderlieder, dann auch Kinderbücher. Er ist Liedermacher, Bewegungskünstler und Geschichtenerzähler in einem. Seine Anregungen holt er sich auf Reisen in andere Länder, Impulse für seine Bewegungsarbeit aus fremden Kulturen. Seit einem guten Jahrzehnt gibt er seine reichen Erfahrungen an alle weiter, die mit Kindern zu tun haben. Fredrik Vahle lebt und arbeitet in Salzböden bei Gießen.

Anja Verbeek von Loewis

hat schon immer gemalt und das Tanzen geliebt. Sie stammt aus einer Künstlerfamilie und ist Meisterschülerin der Akademie der Bildenden Künste in München. In ihren Kunstinszenierungen und Raumgestaltungen lässt sie ihre Figuren, manchmal mehrere Meter groß, tanzen und leuchten. Als Illustratorin und Kinderbuchautorin für verschiedene Verlage arbeitet sie seit 1991. Beim Entwerfen der Bilder zu Fredrik Vahles Buch *Bewegliche Lieder* hatte sie eine gute Mitarbeiterin in ihrer fünfjährigen Tochter Joana.

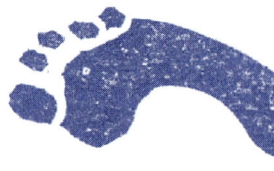

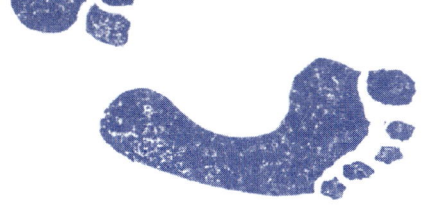

Fredrik Vahle

Bewegliche Lieder

oder Musik macht Beine

Mit Illustrationen
von Anja Verbeek von Loewis

Rowohlt Taschenbuch Verlag

rororo Mit Kindern leben
Herausgegeben von Bernd Gottwald und Bernhard Schön

Partner von *rororo Mit Kindern leben*

Originalausgabe · Veröffentlicht im Rowohlt Taschenbuch Verlag GmbH, Reinbek bei Hamburg, März 2002 · Copyright © 2002 by Rowohlt Taschenbuch Verlag GmbH, Reinbek bei Hamburg · Redaktion Bärbel Vetter-John · Umschlaggestaltung Henning Dencks (Illustration: Anja Verbeek von Loewis) · Autorenfoto Seite 2 oben: Linda Putzenhardt · Typografie Farnschläder & Mahlstedt/Indra Kupferschmid · Satz aus der Proforma, Syntax, QXP 4.2 · Gesamtherstellung Clausen & Bosse, Leck · Printed in Germany · ISBN 3 499 60973 8

Die Schreibweise entspricht den Regeln der neuen Rechtschreibung.

Inhalt

Bewegliche Lieder – Einführung und Denkanstöße | 9

Bewegliche Lieder – Musik, die Beine macht | 10
Ein Streitgespräch über Bewegung und Lernen oder
Bewegung ist mehr als Fitness | 15
Hand- und Fingerübungen: Aufwärmung und Aktivierung | 17
Ein bewegter Weg zum Ich | 21
    Gedicht vom Ich | 21

Musik fängt mit dem Klatschen an | 27

Musik, Musik, Musik? | 27
Ajumbada – Klatschhandkreise | 30
Kleine Rede über das Klatschen | 32
Die Klatschtonleiter | 34
    Papas Grappa schwappt – Klatschübungen | 37
    Uhrmachermeister Klopstock | 39
    Der kleine Fuchs | 41
Der kleine freche Wüstenfuchs | 45
    Fata Morgana des Klatschens und Handschleife | 48
    Kleine Rede von der linken und der rechten Hand | 50
    Der kleine freche Wüstenfuchs mit Hand- und
    Fußbewegungen | 51
Ping und Pong (Daumenvers) | 53
Bauch- und Popoklatschlied | 54
    Hände in gemeinsamer Bewegung | 57
Das Karateklatschen | 59
Kopf, Herz und Hand – von frühen Zusammenhängen | 61

Fußrhythmus- und Trampellieder | 65

Fußsohlen | 65
Guck, der kleine König kommt | 66
Der Fußrhythmus-Dialog | 69
*Das Nilpferd geht zum Nil oder
Die Entdeckung des inneren Nilpferdes* | 70
Grußlied aus Nupitanien | 72
Wie blinde Füße lesen lernen –
die Geschichte von Gerda und Gabi | 78

Berührung macht Musik erst schön | 85

Das klitzekleine Wohlgefühl | 85
Bauchstreichelreim | 86
Hand- und Backenlied | 87
Vom Berühren und Berührtwerden | 88
Rundherum auf dem großen Teich | 90
    Dem Rücken etwas mit den Händen erzählen | 92
    Mit dem Rücken lernen | 94
    «Dramatisierung» der Geschichte vom Wasserkäfer | 95
Zauberhände hat die Sonne | 96
Hokus pokus fidibus – der Zauberer hat Hexenschuss | 98
    Wie das Lied von der Zauberin und dem Zauberer gespielt
    werden kann – Hände brauchen Taktgefühl | 100
    Der Zaubergang der Zauberin | 105

Okä awimba – Kraft- und Energielieder (nicht nur für Jungen) | 109

Was Jungen gefällt oder Eine kleine Anmerkung zu den
«schwierigen Jungen» | 109
    Quertreiber | 111
    Energielied | 112
    Wumm, wumm oder Schuster, Elefant und Katze | 113
Akunde Akundéjo – Tanzgeschichte und Bewegungskanon | 115
Tiger, Oma, Samurai | 121
Der Drache Fu (Es war einmal ein Drache) | 124
    Anmerkungen zum Lied vom Drachen | 126
Klabasta, klabasta – ein Tisch-Trommellied | 128
Händeschieben auf einem Bein | 129
Der kleine König | 130
    Der kleine König – Übungsfolge | 134
Okä awimba | 138
    Okä awimba gemeinsam tanzen – fast bis nach Afrika | 140

Zauberhände – Bewegung und Stille | 142

«Ruhe!» – vom Übergang in die Stille | 143
Die friedliche Faust | 145
Die Indianerübung | 146
Von unseren Händen zum Tai-Chi und Qigong | 148
Bewegungsgedicht: Zauberhände | 150
    Übungsfolge zu den Zauberhänden | 151
Vom Sitzen | 153
Der Gang zum Gong | 157

Anmerkungen | 159
Quellennachweis | 159
Literatur | 160

Phantasie ist Geist gewordene Bewegung

Bewegliche Lieder – Einführung und Denkanstöße

Kreisen, kreisen

Kreisen, kreisen mit den Armen,
kreisen Mond und Sonne mit.
Langsam kreisen mit dem Kopf,
Tief und traurig bis nach unten …
Seitwärts über eine Schulter
spüre ich die eig'ne Nähe.
Kopf im Nacken, blick ich staunend
zu dem weiten Himmel hoch.
Sonne, Wolken, Mond und Sterne,
schau ich in die fernste Ferne.
Dreh ich auf der Schulter weiter
und hinab, da ist die Nähe
von der großen runden Erde,
die mit mir durchs Weltall fliegt,
während ich mit beiden Beinen
und sehr ruhig auf ihr stehe.

Ein Gedicht, bei dem man sich auch bewegen kann!

Bewegliche Lieder – Musik, die Beine macht

Ein Vorwort in eigener Sache

Bewegung ist Leben. Bewegung macht Spaß. Bewegung regt die Phantasie an und kann sogar etwas mit Bewusstwerdung, mit Kraft und Standfestigkeit, mit Andacht und Besinnung zu tun haben. Unsere Phantasie und unsere Gedanken sind Geist gewordene **Bewegung**. *Kinder leben diesen Zusammenhang. Als Erwachsene vergessen wir ihn meist. Dieses Buch soll dabei helfen, jenes elementare Zusammenwirken im Medium der Musik wieder spürbar zu machen. Dazu gehören* **Rhythmus**, *Bewegungen der Hände, der Füße, gesamtkörperlicher Bewegungseinklang und gesamtkörperliche Wahrnehmung.*

Musik und Singen sind Bewegung im Medium des Klanges. Unsere **Sprache** *beruht auf der Bewegung unserer Artikulationsorgane und Resonanzräume, durch die wir unseren Atem formen, strukturieren, hören und hörbar machen. Unser Rhythmusgefühl beruht auf der Bewegung unseres Herzens, unseres Atems, unseres Gehens.*

Meine beweglichen Lieder verstehe ich als «Musik, die Beine macht». Hier werden Vorschläge gemacht, die zu individuell ausgeführten Bewegungen anregen, die zeigen sollen, was wir bewirken und erleben können, wenn wir unseren Körper sensibel und aktiv mit einbeziehen. Und aus diesem eigenen Zusammenspiel mit Musik entsteht der Zusammenhang von Bewegung und Bewusstwerdung.

In der Entwicklung des Kindes ist das Bewegungslernen die Urform seines Lernens. Wer kennt nicht das Kind, das etwa die baumelnde Halskette der Großmutter, die sich über sein Bett beugt, viel interessanter und «begreiflicher» findet als die Worte, die sie höchsteigen zu dem Kind spricht. Das Kind nimmt zunächst Bewegung, Klang und Geräusch wahr, ehe es Musik und Sprache herausfühlt, heraussieht, heraushört. Die ersten Lieder sind in diesem Zusammenhang besonders wichtig, denn sie verbinden körperliche Bewegung mit Sprache, mit Rhythmus und Melodie.

Dieses Buch baut auf den Workshops auf, die ich nun schon eine Reihe von Jahren gebe. Bei meinen Liedern geht es nicht um das Einüben von stereotypen Bewegungsfolgen, es geht nicht um Geschwindigkeit, Perfektion und Leistung. Es geht nicht um «Fertigkeiten», sondern um Anregung. Oft ist Bewegung gerade im Sport- bzw. Tanzbereich viel zu einseitig mit Leistungsstress und Drill verbunden. Die Lieder sollen hier Freude an der eigenen Beweglichkeit machen, und zwar im leiblichen, aber auch im sprachlich-geistigen Bereich. Um dies besonders hervorzuheben, habe ich meine Lieder nicht «Bewegungslieder», sondern «bewegliche Lieder» genannt.

Bewegungslieder wie «Wer will fleißige Handwerker sehn» oder «Brüderchen, komm, tanz mit mir» oder auch modernere Lieder, in denen stereotype Bewegungen eingeübt werden, kennen wir alle. Sie werden eine Weile gebraucht, dann verschwinden sie wieder. Für ältere Kinder oder gar Erwachsene scheinen sie nichts mehr zu taugen. Es sei denn, als gemeinschaftsstiftende Erinnerungsaktion in besonderen Situationen, z. B. auf Reisen, und bei der Aktivierung des Langzeitgedächtnisses, z. B. bei Aphasikern. Die Lieder und Übungen, die hier vorgestellt werden, sind nicht derartig begrenzt. Für Kinder sind sie lebenswichtig. Für ältere Kinder sind sie ein erholsamer Ausgleich und ein entspannter Impuls zu ganzheitlicher Förderung angesichts einer Welt, in der Bewegung immer mehr eingeschränkt wird und das Erziehungssystem darauf u. a. mit einer übertrieben individualisierenden Kopflastigkeit im schulischen Lernbetrieb antwortet.

Mit der Beweglichkeit unserer Füße und auch der Füße der Kinder steht es – trotz der Turnschuhmodendiktatur – nicht zum Besten. Es gibt Untersuchungen, die besagen, dass sich die Bewegungsmöglichkeiten unserer Kinder in den letzten fünfzehn Jahren halbiert haben. Dabei drücken Kinder ihre Gefühle häufig durch die Beine und Füße aus. Sie hüpfen, wenn sie froh sind, und sie stampfen auf, wenn sie wütend sind. Sie brauchen Möglichkeiten, um sich Raumgefühl, die Grundlage für Vorstellungskraft und Phantasie, sowie Rhythmusgefühl ergehen zu können. Fehlen diese, können sie sich nicht menschengemäß entwickeln. Mache ich mit Kindern Fußrhythmusübungen, ist zunächst Begeisterung da, doch dann bricht das große Chaos aus. Sensible Beweglichkeit der Füße ist weit über Schulhoftreterei und Fußballbolzen hinaus gerade für Jungen wichtig. «Verstehen» bedeutet ursprünglich, mit den *Füßen* voran für jemanden oder etwas einzustehen. Und: Es ginge alles besser, wenn man mehr ginge, sagte ein deutscher Dichter schon zu Beginn des neunzehnten Jahrhunderts. Unsere Füße können Feinfühligkeit und Intelligenz entwickeln. Sie brauchen anregenden Ausgang.

Dass dieses Buch trotzdem mit Finger- und Handübungen beginnt, hat didaktische und entwicklungspsychologische Gründe. Ich gehe mit den Beweglichkeitsübungen zunächst von oben nach unten, von den Händen bis zu den Füßen. Finger- und Handbewegungen sind gut für den Einstieg, schaffen eine ruhige Atmosphäre und Konzentration und regen auch geistige Aktivitäten an, und zwar noch vor der Sprache und vor dem Singen. «Unsere Hände sind unser äußeres Gehirn», sagte schon der Philosoph Kant. Überaktive, aber auch bewegungsgehemmte Gruppen lassen sich hiermit meiner Erfahrung nach gut ansprechen und zu bewusst werdender Bewegung mit Körper und Stimme anregen, die sonst etwas vorschnell gewesen wäre.

Mit den beweglichen Liedern können wir Erwachsenen getrost erleben, wie unser inneres Kind aufwacht und lebendig wird und sich nicht nur als psychische Vorstellung, sondern als freudig bewegliches Wesen erweist. Und dies gilt ganz besonders auch für Menschen, die ins Alter kommen und merken, dass man / frau in jeder Lebensphase etwas für die eigene Beweglichkeit tun kann. So eine bewegungsfreundliche Art von «Nachentfaltung» tut uns allen gut.

Einmal sagte mir ein Mädchen: Fredrik, dir sieht man noch gar nicht an, wie alt du bist. Aber schon als ich vor ca. sieben Jahren mit dem Qigong- und Tai-Chi-Üben anfing, dachte ich, das ist etwas, das kannst du auch im Alter machen. Und jetzt ist es eigentlich schon da. Ein Freund, der sich einmal neugierig in eine meiner «beweglichen» Vorlesungen an der Uni setzte, sagte mir hinterher: Was du da machst, das ist nicht nur was für ErzieherInnen und LehrerInnen, das ist auch etwas für Großeltern, für deren Beweglichkeit und für das, was sie mit ihren Enkeln spielen. So denke ich, dass der «Wasserkäfer», das «Grußlied aus Nupitanien» oder das Gedicht von den «Zauberhänden» gerade auch unter alten Menschen praktiziert werden können. Allein und bei geselligen Anlässen. So, wie ja auch viele Reime und traditionelle Lieder und Spiele von der Großelterngeneration an die Kinder weitergegeben werden. So soll dieses Buch nicht nur für Kindergarten und Schule, sondern auch für die ganze Familie und auch für die ältere Generation eine Anregung sein.

Die Lieder und Übungen sind so einfach, dass man/frau sie sofort praktizieren kann, und sie sind die Basis für weiterführendes «leibliches Lernen». Sie sind weltoffen, d. h., sie nehmen Anregungen aus unterschiedlichen Kulturkreisen auf (z. B. aus fernöstlicher Lebenskunst, Qigong und Tai-Chi u. a., aus dem Yoga, aus afrikanischer sowie spanischer Folklore, aus dem orientalischen Tanz) sowie aus unterschiedlichen Bewegungslehren und -therapien (Feldenkrais, Bioenergetik u. a.). Trotzdem sind sie so leicht zu lernen wie die «alten» Bewegungslieder. Gerade wenn wir uns als Erwachsene – im Namen unseres inneren Kindes – dafür begeistern, werden wir sie glaubwürdig auch an Kinder weitergeben und mit ihnen praktizieren können. Was «nur» für Kinder da ist, kann nämlich auch für Kinder schnell langweilig werden. Und gerade für die oft so «schwierigen» Jungen.

Die Lieder und Übungen sollen Mädchen und Jungen ansprechen, d. h., dass «weibliche» *und* «männliche» Elemente (bis hin zu Anregungen aus Kraft- und Kampfsportarten wie Karate und Kung-Fu) in spielerischer Form verwendet werden. Sie führen aber auch bis zu Entspannungsübungen und Bewegungsmeditationen, die den Abschluss dieses Workshops bilden. Kleine Reden, Erläuterungen und Gedichte sind eingestreut. Sie thematisieren spielerisch den theoretischen Hintergrund der Spiele und Übungen.

Bewegung macht Flügel

Ein Streitgespräch über Bewegung und Lernen oder Bewegung ist mehr als Fitness

A Hören Sie doch auf mit «Bewegung», was ist denn montags bei uns los? Da sind die Kinder in Bewegung. Die kabbeln und kloppen sich in einer Tour. Nichts als Durcheinander, Lärm und Krach. Keine Aufmerksamkeit, keine Konzentration, kein Lernen. Bewegung, ach du meine Güte. Endlich ruhig kriegen müsste man sie! Und zwar nicht nur für fünf Minuten. Ich sehne mich nach dem Stillen Ozean. Aber vor mir tobt der Atlantik!

B Da gibt's nur eins: Die ganze Bande dreimal um die Schule laufen lassen. Die müssen sich anstrengen, bis ihnen die Puste wegbleibt. Und die müssen endlich wieder lernen, dass Lernen mit Anstrengung verbunden und kein Kinderspiel ist. Das ist die Art von Bewegung, die sie brauchen, sonst werden sie «rumhängen» und nix leisten. Da muss Energie verbraucht werden, und zwar kräftig. Und danach werden sie Ruhe geben. Darauf können Sie sich verlassen, und dann werden sie auch wieder zuhören ...

C Das klingt mir aber zu sehr nach Drill, Herr Kollege. Kinder sind keine Goldhamster, die in Bewegung gehalten werden müssen. Denken Sie an Sisyphos. Der strengte sich mächtig an, und was kam dabei heraus, bei all seiner Bewegung und Anstrengung: nichts.

D Und was ist mit unseren alten Volksliedern? Heute singt doch kein Mensch mehr. Es gibt doch so wunderschöne Ringelreihen und Reigenlieder, zu denen sich die Kinder bewegen können. Da finden sie von selbst zu Harmonie und öffnen ihre Sinne für Geistiges ...

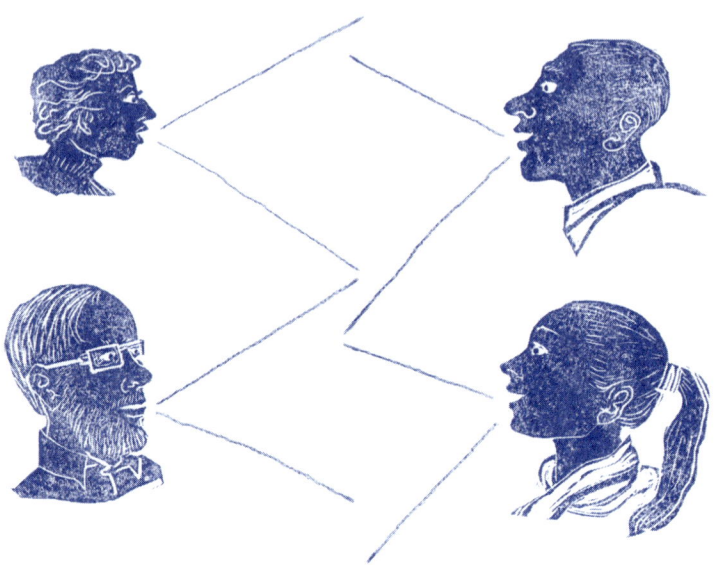

A Ringelpiez mit Anfassen, Friede-Freude-Eierkuchen, reformpädagogische Wiesenhüpferei. So was passt doch nicht in die heutige Zeit. Wir brauchen Computerprogramme und neue Lerntechnologien auch für die Kleinsten. Die Kinder müssen informiert sein. Dann sind sie in Form!

D Aber Kinder sind lebendige Wesen. Sie brauchen alle ihre Sinne und vielfältige Bewegung, damit sie glücklich werden können. «Sprich alle Sinne des Menschen an, und du machst ihn glücklich», sagte schon der Philosoph Feuerbach.

A Das ist doch nur ein Ideal. Es gibt doch so viel, was da angeblich gemacht werden kann und was sich alles «ganzheitlich» schimpft: Kinesiologie, Gehirnjogging, Tai-Chi, Qigong, Yoga usw. usw. Aber wer kennt sich denn da schon aus? Das ist doch alles viel zu weit weg …

Dieses Gespräch könnte noch eine Weile so weitergehen. Jedem Standpunkt liegen bestimmte Einstellungen und Erfahrungen zugrunde. Die Gefahr, viel zu wissen und nichts zu tun, ist groß. Und das will ich auf keinen Fall. Deshalb wechsele ich jetzt in eine fein bewegte Stille über: Nur unsere Hände und Finger bewegen sich. Wir werden ruhig und sind ruhig, arbeiten an unserer Beweglichkeit und kommen doch ohne Worte aus.

Hand- und Fingerübungen: Aufwärmung und Aktivierung

Wenn wir etwas für unsere Hände und Finger tun, tun wir das nicht nur für Hände und Finger. Unsere zehn Finger sind auf 60 % der Hirnoberfläche repräsentiert. Die Energetisierung der Hände wirkt sich auch auf unser Gehirn, auf unsere geistigen Energien aus. Handübungen führen zu Konzentration und wecken die Lebendigkeit unseres Geistes. In Indien (Mudras) und China sind damit sehr intensive Erfahrungen gemacht worden. Hierzulande denkt man oft: Fingerspiele und -übungen sind Kinderkram. Das gehört doch in den Kindergarten. Also muss es «Gehirn»- oder «Gedächtnisjogging» heißen, damit auch Erwachsene neugierig darauf werden. Dabei ist inzwischen auch wissenschaftlich erwiesen, dass Fingerübungen die Sprachfähigkeit in besonderer Weise fördern. Kehlkopf, Zunge und Lippen werden durch die Ausdrucksbewegung der Hände aktiviert.

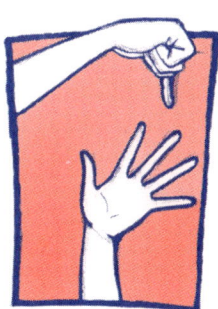
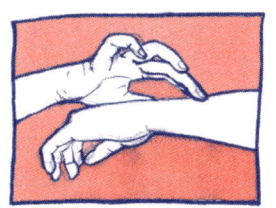

==Der Weg zum Sprechen geht über die Beweglichkeit der Hände; diese wirkt wesentlich an der Bildung des Sprachzentrums mit.==

Hier eine kleine *Übungsfolge*. Besonders wohltuend vor Schreibtätigkeit und natürlich als Unterbrechung beim Lesen!

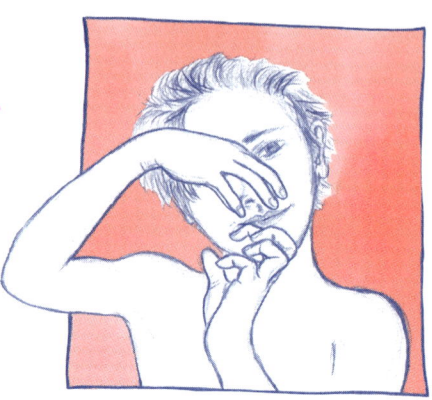

Vorbereitung:

Zunächst die Hände reiben, drücken, kneten. Mit der ganzen Hand und mit Daumen und Zeigefinger. Einen Grund, sich die Hände zu reiben, gibt es immer. Dann auch die einzelnen Finger massieren, sie in die Faust der anderen Hand nehmen und drücken … sie mit Daumen und Zeigefinger massieren.

1. Fingerkreuzen:

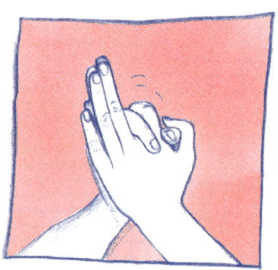

Die Handflächen aneinander legen. Jetzt die Daumen und dann nacheinander alle anderen Finger übereinander kreuzen. Sehr langsam und dann auch schneller. Bis zum kleinen Finger.

Die Handflächen voneinander entfernen, sodass sich nur noch die Fingerspitzen berühren. Folgende Bewegungsspiele sind jetzt möglich:

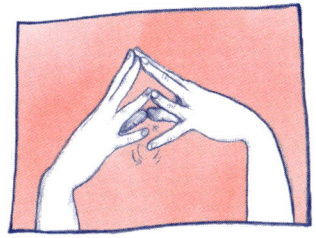

2. Fingerpärchenkreisen:

Zuerst «Däumchen drehen» – eine Qigong-Übung aus Großmutters Zeiten, die die Entspannung fördert. Dann alle anderen Finger nach und nach in beiden Richtungen umeinander kreisen lassen: langsam und schnell.

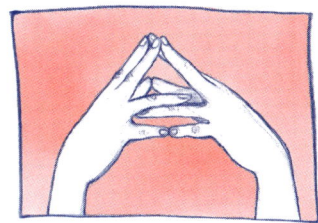

3. Dachbalkenlegen:

Die Finger in dieser Figur nacheinander flach aufeinander legen. «Dachbalken legen» habe ich das genannt. Oberer und unterer Dachbalken können gewechselt werden.

4. Schmetterlingsübung:

Ein Finger bleibt. Der andere macht rechts und links Flatterbewegungen, wie ein Schmetterling. Jeder Finger der rechten und linken Hand wird so einmal zum Schmetterling, und zum Schluss umflattern sich beide Finger jeweils gleichzeitig.

5. Gleich- und gegenläufiges Daumentippen:

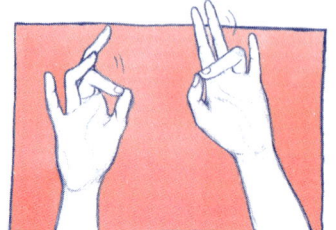

Die Hände einzeln und ausgestreckt in Gesichtshöhe halten. Handflächen nach außen. Jetzt innerhalb jeder Hand mit der Fingerkuppe des Zeigefingers die Kuppe des Daumens berühren. Danach auch mit den anderen Fingern. Zunächst die gleiche Berührungsfolge in beiden Händen. Dann aber auch gegenläufig, sodass ich z. B. mit Daumen und Zeigefinger der rechten Hand und gleichzeitig mit Daumen und kleinem Finger der linken Hand beginne.

Schließlich läuft die Bewegung bei der einen Hand von vorn nach hinten und bei der anderen gleichzeitig von hinten nach vorn. Jetzt haben wir das Problem, dass die Rechte etwas anderes macht als die Linke. Wenn ich diesen Vorgang rhythmisiere und Töne dazu singe, kann ich's besser lernen. Sonst ist es schwierig.

Ein gutes Beispiel: Lernen durch Singen. Gerade für Kinder ist dieser Weg sehr geeignet.

Ein bewegter Weg zum Ich

Bewegung ist mehr als Aktivität und Fitness. Mehr (bzw. weniger) als das schnelle Reproduzieren von Fertigkeit, mehr als Perfektion. Be – weg – ung hat etwas damit zu tun, dass ich mich auf einen Weg begebe bzw. mir meines Weges bewusst werde. Auf dem «Markt» werden viele Wege angeboten. Den eigenen Weg zu finden ist deshalb nicht so einfach. Ich muss mir darüber klar werden, dass ich mit meinem eigenen Körper nicht willkürlich alles Mögliche machen kann und dass mein Ich etwas ist, das mit der Beweglichkeit meines Körpers vielleicht doch etwas zu tun hat. Vielleicht ist da ein spielerisch-rhythmisch-musikalischer Weg besonders nahe liegend. Oder? In Liedern, Gedichten, Übungen und Reflexionen versucht dieses Workshop-Buch, eine Antwort zu geben.

Mal sehen, ob's klappt. Und als Denkanstoß jetzt erst einmal ein Gedicht.

Gedicht vom Ich

Ich bin ich,
na klar, oder nicht?
Ich bin ich,
kann jeder Mensch sagen.
Aber wer oder was
ist denn nun ein Ich?
Schon bin ich mittendrin im Fragen. –
Wo fängt Ich an?
Wo hört Ich auf?
Ist Ich immer gleich,
ob ich sitz oder lauf?
Ob ich sieben oder siebzig bin?
Ist mein Körper das Ich,
oder steckt's mittendrin?
In der Brust, im Herz

oder unten im Bauch,
im Kopf, im Verstand –
sitzt es ganz obendrauf?
Oder wohnt es mitten in meinen Gefühlen?
Vielleicht sitzt es irgendwie zwischen den Stühlen
und weiß es selber nicht,
was es eigentlich ist.
Wenn's mir fehlt –
von wem wird das Ich dann vermisst?
Steckt mein Ich auch in meinem kleinen Zeh
und in den Füßen,
auf denen ich geh?

Ist mein Ich auch in meinem Haar?
Ich fasse es an, na klar isses da.
Und schneidet mir der Friseur klipp, klapp
einfach von meinem Ich etwas ab?
Und dann der Zahnarzt, oje, oje –
mein Ich, das schrumpft, wenn ich zu ihm geh.
So ein kleiner Schmerz, ja, das geht ja noch,
doch findet er in meinem Zahn dann ein Loch,
und er zieht einen Zahn (der kommt niemals zurück) –
fehlt dann vom Ich nicht ein kleines Stück?
Und etwas, was ich auch gern wüsst:
wenn jemand vor Glück ganz außer sich ist –
«außer sich» heißt doch raus aus dem Ich!
Manchmal versteh ich mich selber nicht.
Jemand ist außer sich vor Wut –
bleibt das Ich dann bei sich,
und es geht ihm ganz gut?
Und wer viel Geld hat,
hat der auch viel Ich?
Und wer wenig hat,
der hat's eben nicht?
Vielleicht hat das Ich auch was ausgeheckt,
als blaues Männchen sich in dir versteckt,
lacht wie's Rumpelstilzchen,
sagt: Such nur, such!
Kauf dir ein kluges Ich-findungs-buch …
oder auch dreizehn, davon gibt's genug,
mach dich auf die Suche nach deinem Ich,
suche und suche –
du findest es nicht.
Es ist kein Persönchen, hat kein Gesicht,
wenn du's finden willst, dann suche es nicht …

Du bist mit allem dein Ich,
was du tust,
wie du gehst, wie du atmest,
wachst oder ruhst,
wie du hörst, wie du siehst,
wie du riechst, wie du schmeckst
und dir nach dem Essen die Lippen leckst.
Dein Ich brauchst du gar nicht
gesondert zu suchen.
Das ist philosophischer Käsekuchen.
Du bist, was du bist in diesem Leben.
Dich kann's auf der ganzen weiten Welt
so, wie du bist,
nur einmal geben.
Es ist, wie es ist,
Punkt, Komma und Strich:
Viele Grüße von meinem –
an wen?
An dein
Ich.

Dieses Gedicht handelt von einem Wort, das wir oft gebrauchen. Ein Wort, mit dem wir etwas ausdrücken, um das wir uns sehr kümmern und das uns manchmal Kummer macht. Wir versuchen, das, was es bedeutet, zu sichern, zu stabilisieren und von anderen abzugrenzen. Häufig reden und handeln wir zu diesem Zweck, und wir sind besorgt, wenn es aus dem Gleichgewicht oder aus dem Rhythmus gekommen ist. Und wir glauben ganz fest, zu wissen, was es ist, obwohl wir es so verdächtig oft durch unser Reden und Denken stabilisieren müssen …

Dabei gibt es Sprachen, Indianersprachen oder z. B. das Vietnamesische, darin gibt es dieses Wort überhaupt nicht. Hierzulande werden Sätze sehr oft mit diesem Wort begonnen. Kleine Kinder gebrauchen es zunächst nicht. Es besteht aus einem hellen, schmalen, aufrichtenden Vokal und einem Reibelaut, der hinter dem Zungenrücken hervorzischt. Das lässt sich beim langsamen Sprechen nachspüren.

Nach dem Gedicht verbeuge ich mich, und dann wird in der Regel *geklatscht*. Und da wären wir schon bei der ersten Bewegungsform – und dem zweiten Kapitel dieses Buches.

Musik fängt mit dem Klatschen an

Musik, Musik, Musik?

Das ursprüngliche rhythmisch-musikalische Medium, von dem alle unterschiedlichen Musikinstrumente herstammen, ist der menschliche Körper.

Was ist nur mit meiner Tochter los, jammert ein Vater, dem Musik sehr viel bedeutet. Sie hat schnell sprechen gelernt, und jetzt spricht sie manchmal schon fast etwas zu schnell, und sie hat schnell lesen gelernt, und was die schon alles gelesen hat! Nur mit der Musik hapert's. Dabei hat sie doch schon einige Jahre Klavierunterricht. Den Flohwalzer kann sie irrsinnig schnell spielen, doch der richtige Rhythmus fehlt. Und zum Singen hat sie erst gar keine Lust. –

Ja, und dann geht er zum Leiter der regionalen Musikschule und erkundigt sich. Und der erzählt ihm von den «völlig unmusikalischen Kindern», die aber wieder richtige Durchbrüche kriegen, die plötzlich beginnen, munter und ausdrucksvoll zu singen und ihr Instrument gern und rhythmisch zu spielen. – Aha, sagt der Vater, Tonleitern üben und korrigiert werden, damit sich ja kein Fehler einschleicht! –

Nein, sagt der Musiklehrer, das gerade nicht. – Was dann? – Nicht kritisieren, nicht korrigieren, aber fest zum Üben anhalten!

Und das natürlich mit einer guten Vorbereitung, wenn's geht, über Jahre hinweg! – Was für eine Vorbereitung? –
==Fingerspiele, klatschen, gehen und die rhythmische Beweglichkeit der Füße erkunden, wippen, balancieren, mit der Stimme spielen, ihre Ausdrucksfähigkeit erkunden==, also feinfühlige Körperarbeit in allen Tonlagen. – Aber was hat das denn mit Musik zu tun?, fragt der Vater erstaunt. Das ist doch keine Musik! –

So wie der besorgte Vater denken viele.
Und der gängige Musikbetrieb lässt manchmal kaum eine andere Meinung aufkommen.
Musik fängt für viele erst beim fertigen Lied bzw. beim Instrument an, sei es Blockflöte, Geige oder E-Gitarre. Dabei wird etwas ganz Fundamentales vergessen.
Das ursprüngliche rhythmisch-musikalische Medium, von dem alle noch so unterschiedlichen Musikinstrumente herstammen, ist der menschliche Körper. Der menschliche Körper mit seinen Organen, wie Lunge und Herz, mit den Möglichkeiten des Atems, der Hände und Füße. Und unser Basisinstrument ist die menschliche Stimme. Eine erste Grundausbildung in diesen Basisbereichen erhält jedes Kind von seiner Mutter und dann teilweise auch vom Vater. Wenn das Kind jedoch sprechen kann und die alltäglichen Formen von Körperbewegung beherrscht, ist diese spielerische Basisausbildung meist zu Ende. Vieles wird dann automatisiert und flach, damit die Kinder einigermaßen mit den immensen Informationsströmen zurechtkommen, denen sie heute ausgesetzt sind.
Doch gerade die leiblich-musikalische Basisarbeit ist notwendig, wenn die Musik ihre geistigen und sozialen Kräfte entfalten soll. Wenn dieser Bereich übersprungen wird, haben Kinder letztlich keinen Spaß am Instrumentalspiel und machen mit ihrer Stimme und dem Singen negative Erfahrungen. Musikinstrumente sind in gewisser Weise Werkzeuge, die vom eigentlichen Körperausdruck wegführen und in musikalischem Leistungssport und

Spezialistentum enden können. «Body-Percussion» und «Vocassion» sind für viele noch etwas Exotisches. Dabei haben wir alle schon einmal etwas in dieser Richtung gemacht, ohne dass wir uns groß um dessen Funktion und Wirkung Gedanken gemacht haben. Die Aufmerksamkeit für die stimmliche und leibliche Beweglichkeit kann aber ein Leben lang anhalten. Es gibt immer wieder Situationen, in denen man nichts Besseres zu tun weiß, als mit der Stimme oder mit Händen und Füßen rhythmisch zu spielen. Dabei brauchen wir nicht so weit zu gehen wie die Todas … ein altes Volk in Indien, das keinerlei Musikinstrumente kennt. Doch wenn die Todas singen, sprechen und sich bewegen, merkt man, wie musikalisch sie sind! Auch wir können mit unserer Stimme und unserem Körper Musik machen. Deshalb habe ich bei meinen Fortbildungsseminaren oft die Gitarre in die Ecke gestellt und mit Leib und Stimme eine Art von Musik angeboten, bei der alle gleich mitmachen konnten. Und darum, dass dies in reizvollen und poetischen Formen und Übungen geschehen kann, darum habe ich mich in diesem Buch bemüht.

Ajumbada – Klatschhandkreise

Sprechgesang

X – die Hände klatschen auf die Oberschenkel
/ – in die Hände klatschen, im Bogen nach außen schwingen und zu den Oberschenkeln zurück, auf die wieder geklatscht wird
⌣ – bei «Schweigen» werden die Arme vor der Brust gekreuzt

«Ajumbada» wird auf der zweiten Silbe betont.

Musik fängt mit dem Klatschen an

   x   /   x   /
Ajumbada, Ajumbada,
  x   /   x   /
Ajumba Kalibuchda.
   x   /   x   /
Ajumbada, Ajumbada,
     x   /   x   /
was ist das für'n Geruch da?
   x   /   x   /
Ajumbada, Ajumbada,
      x   /   x /
das riecht mir nach Banane!
   x   /   x   /
Ajumbada, Ajumbada,
      x   /   x
nach Erdbeereis mit Sahne,

     x   /   x   /
Ajumbada, Ajumbada,
       x   /   x /
das schmeckt mir nach Melone,
    x   /   x   /
Ajumbada, Ajumbada,
      x   / x /
nach Kiwi und Zitrone.
   x   /   x   /
Ajumbada, Ajumbada,
      x   /   x /
was will ich dir jetzt zeigen?
   x   /   x   /
Ajumbada, Ajumbada,
    x   /   ⌣
genießen wir und schweigen.

Ajumbada – Klatschhandkreise

Kleine Rede über das Klatschen

Kinder merken frühzeitig, dass sie Geräusche und Töne produzieren und hören können. Mit Füßen und Händen lässt sich bei der Geräuscherzeugung nachhelfen. Und dann entdeckt das Kind, dass es mit den *Händen* Geräusche machen kann. Ganz ohne Hilfsmittel. Die Hände vor dem Körper zusammenzuführen, ist ja schon eine kleine Koordinationsleistung. Und dann wollte es vielleicht mal einen Schmetterling fangen und ... patsch. Da war das Geräusch. Kann auch sein, dass die Eltern die Hände des Kindes geführt haben. Oder, was natürlich befriedigender ist, es hat sich das Ganze abgeschaut und probiert's jetzt selber aus. Die eigenen Patschhändchen zu entdecken ist eines der frühesten musikalisch-rhythmischen Schlüsselerlebnisse des Kindes. Wenn das Kind also Musik oder auch nur Rhythmisches hört, kann es jetzt mit bloßen Händen Musik dazu machen. Patsch ... patsch ... patsch.

Oder wurde das Klatschen vielleicht doch erst unter Erwachsenen kultiviert, z. B. als Dankes- bzw. Begeisterungsgeste oder bei schamanischen Ritualen, bei denen der Schamane die große Trommel oder andere Musikinstrumente spielte? Um ein Ritual oder ein Fest rhythmisch-klanglich zu begleiten, machten die, die kein Instrument hatten, Musik mit bloßen Händen. Sie klatschten.
(Es gibt z. B. ägyptische Reliefs aus der Zeit lange vor Christi Geburt, auf denen das zu sehen ist.)

Im französischen Theater des 16. Jahrhunderts gab es die Claqueure, die an entsprechenden Stellen des Theaterstückes klatschten. Es gab aber auch die «Rieure» und «Pleureure», die durch eigene Aktivitäten darauf hinwiesen, wann gelacht und geweint werden sollte.

Dabei kann das Klatschen selbst sehr Unterschiedliches bedeuten.

a) Es ist eine Form der Selbstberührung und Selbstaktivierung mit zwei fürs Fühlen hochsensibilisierten Hautpartien. Es macht die Hände warm. Wer klatscht, macht sich munter. Wenn das Publikum von dem, was auf der Bühne passiert, «ganz weg» ist, dann kommt es durchs Klatschen «wieder zu sich».

b) Das Klatschen kann zum tragenden Rhythmus werden, wenn es an die körpereigenen Rhythmen anschließt, an den Herzschlag, an die Atmung, an den Gehrhythmus. Es kann so zu körperlich-musikalischen Geborgenheitsgefühlen und zu dem Gefühl des Getragenseins beitragen. Es kann zum pulsierenden Rhythmus werden. Man kann im Klatschen nicht nur zu sich selbst kommen, man kann sich auch in eine andere Welt, in Trance hineinklatschen.

c) Durch Klatschen können aber auch die unterschiedlichsten Formen von Rhythmus gemacht werden, und schließlich können unterschiedliche Taktarten hervorgehoben und kontrolliert werden.

d) Eine letzte und bisher wenig praktizierte Möglichkeit soll hier besonders hervorgehoben werden: Hände sind beweglich. Meine Handflächen kann ich unterschiedlich formen und dadurch «Töne» in verschiedenen Tonhöhen hervorbringen.

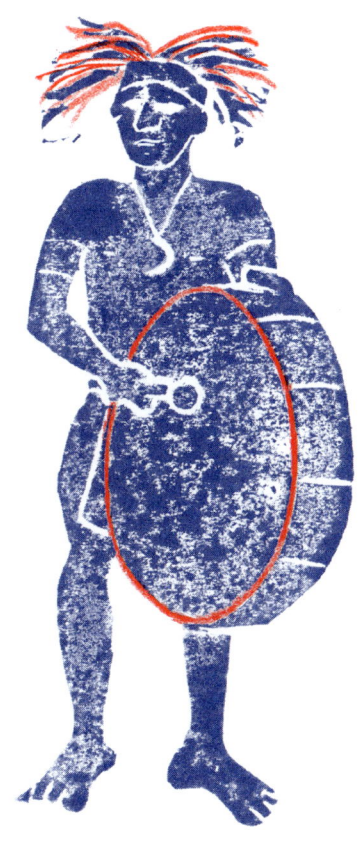

Die Klatschtonleiter

So möchte ich an dieser Stelle tatsächlich eine Klatschtonleiter vorstellen. Sie orientiert sich an den fünf Vokalen, U O A E I.

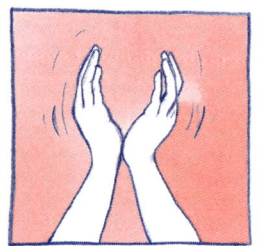

TUK – Zu diesem Vokal ist mir lange nichts eingefallen. Er klingt etwas dumpf aus dem Bauch herauf. Der Klang der Vokale fängt mit ihm erst an. Also schlage ich die Handballen aufeinander und forme mit den Händen ein U.
 Der U-Effekt wird verstärkt, wenn ich dabei die Ellenbogen auf die Tischplatte setze.

TUK TUK TUK

TOK – Die leicht gewölbten Hände schlage ich über Kreuz aufeinander. So entsteht zwischen den hohlen Handtellern das TOK, der tiefste Ton der Klatschtonleiter. Also:

TOK TOK TOK

Wenn wir die Klatschtonleiter in der Gruppe lernen, können wir auch ein «Tok» rundgehen lassen. Wir hören auf das «Tok» der Nachbarn und machen dann unser eigenes Tok. Aber nicht zu schnell. Jede(r) soll sich austoken können. Wir können sehen, dass ganz unterschiedliche Toks erklingen: laute, leise,

schüchterne, feste, lockere usw.
Unsere Hände haben unterschiedliche
Formvermögen, unterschiedliche Erfahrungen und Gefühle stecken in ihnen, unterschiedliche Energien. Aber meist ist das gemeinsame Tok doch sehr deutlich hörbar.

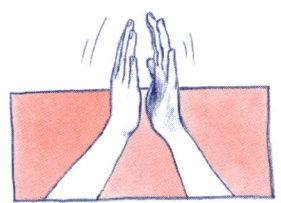

TAK – Bei diesem Ton werden die Hände flach und ganz aufeinander geschlagen. (Das Bitten und Beten ist in dieser Handhaltung angedeutet.) Passt auf, dass ihr die Hände nicht zu steif und nicht zu locker haltet, sondern sie so aufeinander schlagt, dass wirklich ein deutliches Klatschen entsteht.

TAK TAK TAK

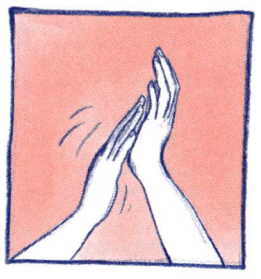

TEK – Dieser Ton klingt metallisch und wird häufig im spanischen Flamenco verwendet. Er ist meist der lauteste und durchdringendste von allen Klatschtönen. Dabei schlage ich mit den Fingern der rechten Hand in den Handteller der linken, also in die halbe Hand. Die Finger der linken Hand sollen nicht steif gestreckt sein, sondern locker und muschelförmig der rechten Hand entgegenkommen. So könnt ihr die lautesten TEK-Klatscher erzeugen.

TEK TEK TEK

Die Klatschtonleiter

Aber wie kann ich wohl einen noch höheren Ton erzeugen? Es ist möglich, nur die Finger aufeinander zu schlagen. Aber es gibt noch eine klangvollere Art, den Ton zu erzeugen. Der Ton heißt

TIK – Hier werden die Hände wieder über Kreuz aufeinander geschlagen. Diesmal aber so, dass der Handrücken der rechten Hand in den Handteller der linken schlägt und die Knöchel der rechten Hand in den Handteller der linken schlagen. Wenn ich die linke Hand etwas spanne, entsteht ein höherer TIK-Ton. Man muss auch hier wieder ausprobieren, bis ein schönes TIK entsteht:

TIK TIK TIK

Mit der Klatschtonleiter kann ich die Vokale in bestimmten Wörtern hervorheben. Das unterschiedliche Klatschen – die Energie der Hände – kann helfen, die Artikulationsmotorik im Mundbereich zu aktivieren. Für (behinderte) Kinder, die Schwierigkeiten haben, Vokale auseinander zu halten, ist dies eine gute Hilfe.

Papas Grappa schwappt – Klatschübungen

Die Zeilen der folgenden Beispieltexte sollen variabel gebraucht werden:
1. gesprochen ohne Klatschen,
2. gesprochen mit Klatschen,
3. Klatschtöne solo.

Mit einiger Übung kann der vokalische Sprechklang dem Klang der klatschenden Hände angenähert werden.

Anna ist keck.
Mama ist weg.
Papa ist da!
Oh, ja.

Anna ist frech.
Papa geht weg.
Mama ist da!
Oh, ja.
Papa mag Grappa,
Papas Grappa schwappt,
Papas Grappa ist weg.
//: Mama: Igitt, igitt.
Papa: O Gott, o Gott. ://

Die Klatschtonleiter

Unterschiedliche Artikulationsorte

(Aus «indischer» Sicht in Höhe des Unterleibs-, Herz-, Kehlkopf- und Stirnchakras, die jeweils durch die Klatschtöne ebenfalls stimuliert werden können.)

TUK – vor dem Bauch (Hände zeigen nach unten)
TOK – vor dem Bauch (Hände zeigen nach oben)
TAK – vor der Brust
TEK – in Höhe des Kehlkopfs, gegebenenfalls nach links versetzt
TIK – in Stirnhöhe

Fußbewegung zur Klatschtonleiter

Parallel zu den Klatschtönen kann man folgende Fußbewegungen machen:

TOK – mit der Ferse aufstampfen
TUK – mit dem ganzen Fuß aufstoßen
TAK – mit dem Fußballen aufstoßen
TEK – mit der Fußaußenseite aufstoßen
TIK – mit den Zehenspitzen auftippen

Und hier sind drei unterschiedliche Lieder zur Klatschtonleiter. Sie sind nach ihrer Schwierigkeit geordnet. Das einfachste kommt zuerst.

Uhrmachermeister Klopstock

Der Uhrmachermeister Klopstock
hat einen kleinen Hammer, der macht:
TIK TIK TIK
TIK TIK TIK
TIK TIK TIK
Der Uhrmachermeister Klopstock.

Der Uhrmachermeister Klopstock
hat eine kleine Zange, die macht:
Knip knip knip
(3-mal mit Daumen und Zeigefinger)
Der Uhrmachermeister Klopstock.

Dieses Lied enthält verschiedene Klatschwörter.

Der Uhrmachermeister Klopstock
baut eine Uhr, die macht:
TIK TAK (4-mal).
Der Uhrmachermeister
Klopstock.

Der Uhrmachermeister Klopstock
mag nie und niemals
Hektik (4-mal).
Der Uhrmachermeister
Klopstock.

Der Uhrmachermeister Klopstock
hat eine gute
Taktik (4-mal).
Der Uhrmachermeister Klopstock.

Der Uhrmachermeister Klopstock
baut eine Uhr, die früh und spät
mal vor und mal rückwärts geht.
TIK TAK TAK TIK
TIK TAK TAK TIK
TIK TAK TAK TIK.
Der Uhrmachermeister Klopstock.

Der kleine Fuchs

Refrain: Der kleine Fuchs ist ausgebüxst,
dip dip dip dip dip.
Schau, wie er durch die Gegend flitzt,
dip dip dip dip dip.
Er schnuppert hier, er schnuppert da,
dip dip dip dip dip,
weil er heut noch nicht draußen war,
dip dip dip dip dip.

Die Kuh, die auf der Wiese steht,
steht, steht, steht,
ist die, zu der der Fuchs jetzt geht,
geht, geht, geht.
Die Kuh, die kaut, der Fuchs, der bellt,
bellt, bellt, bellt,
weil hinter ihr was runterfällt,
fällt, fällt, fällt.
Refrain

Am Dorfteich hört man ein Gequak',
quak, quak, quak.
Im Quaken sind die Frösche stark,
stark, stark, stark.
Der Fuchs, der springt durch Sumpf und Matsch,
Matsch, Matsch, Matsch.
Die Frösche springen in den Teich,
platsch, platsch, platsch.
Refrain

Jetzt kennt er schon die halbe Welt,
Welt, Welt, Welt,
der kleine freche Springinsfeld,
feld, feld, feld.
Dann läuft er durch den Wald nach Haus,
Haus, Haus, Haus
und ruht sich in der Höhle aus,
aus, aus, aus.

Der kleine Fuchs war ausgebüxt,
dip dip dip dip dip.
Schau, wie er in der Höhle sitzt,
dip dip dip dip dip.
Er schnuppert hier, er schnuppert da,
dip dip dip dip dip,
weil er lange nicht zu Hause war,
dip dip dip dip dip.

Der kleine Fuchs

Beim Lied «Der kleine Fuchs» werden die Klatschfiguren
folgendermaßen geklatscht: DIP = TIK
Worte mit dem Vokal E = TEK
Worte mit dem Vokal A und dem Doppellaut AU
(Strophe 4) = TAK

Der kleine freche Wüstenfuchs

Die zentrale Klatschfigur ist das Tek, tek, torok (mit TEK und TOK geklatscht).

Wenn der Fuchs schneller läuft, geht es mit dip bzw. TIK weiter. Am Schluss des ersten Teils wird die Klatschfigur durch ein nachgemachtes Fuchsgeheul ergänzt.

Der kleine freche Wüstenfuchs

Der kleine freche Wüstenfuchs,
der ist so wachsam wie ein Luchs.
Er ist gerade aufgewacht,
und rundherum ist dunkle Nacht.

tek, tek, torok
tek, tek, torok
tek, tek, torok
tek, tek, torok

Er sieht auch nachts und ist gewitzt,
wenn er so durch die Wüste flitzt.
Dann steht er unterm Sternenzelt
und hat den Mond laut angeheult.

dip dip dip dip dip
dip dip dip dip dip
tek, tek, torok
tek, tek, u-huu

Die Karawane naht heran
mit Kamelen, Maus und Mann.
Arama bahama bahama badux,
seht, da sitzt der Wüstenfuchs.

tok tok, tak tak, tek tek, tik
tok tok, tak tak, tek tek, tik
tok tok, tak tak, tek tek, tik
tok tok, tak tak, tek tek, tik

Ich bin ein Wüstling, bellt er keck,
und schwupp, da war er auch schon weg.
Er ist so wachsam wie ein Luchs,
der kleine freche Wüstenfuchs.
… tek

tek, tek, torok
dip dip dip dip dip
tek, tek, torok
dip dip dip dip dip dip

… tak

dip dip dip dip dip dip

… tok

dip dip dip dip dip dip

… tik

Fata Morgana des Klatschens und Handschleife

Dann taucht eine Karawane auf, die mit Handbewegungen begrüßt wird, die aus dem orientalischen Tanz stammen. Die erste ist wie eine Fata Morgana des Klatschens. Es wird zu einer großartigen Klatschgeste ausgeholt. Die Hände wandern dann auch zielstrebig aufeinander zu. Aber es tut sich nichts. Sie kreuzen sich und wandern dann wieder auseinander. Die Fingerspitzen zeigen jeweils schräg nach oben. Wandern die Hände aufeinander zu, zeigen sie leicht nach außen, wandern sie auseinander, zeigen sie nach innen:

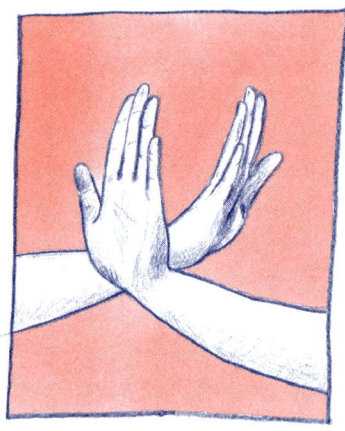

Eine Fata Morgana des Klatschens

Die nächste Figur heißt «Handschleife», und es ist notwendig, sich ganz auf sie einzulassen, damit sie Gestalt gewinnt. Sie ist sogar ein bisschen paradox. Vielleicht machen wir sie deshalb zunächst einmal nur mit der rechten Hand. Der Arm ist leicht nach vorne gestreckt, die Hand hängt nach unten. Die Hand wandert aber nicht nach unten, sondern nach oben. Ist sie oben angekommen, wendet sich die Hand, sodass die Fingerspitzen nach oben zeigen. Und jetzt bewegt sie sich nach unten. Wenn man das langsam macht, sieht es aus wie ein Winken in Zeitlupe. Auf dem Bahnhof ausprobiert, bringt es Stimmung auf den Bahnsteig.

Dann nehmen wir die andere Hand dazu. Beide Hände bewegen sich auf und ab. Jeweils am Ende der Bewegung wird die Haltung der Hände gewechselt. Hängende Hände bewegen sich nach oben, aufgerichtete Hände nach unten.

Nun gebe ich einer Hand eine Strecke Vorsprung. Wenn die eine Hand oben ist, ist die andere unten. Beide machen dieselbe Bewegung, jedoch phasenverschoben. Jetzt wandern beide Hände aufeinander zu, sodass sie nicht mehr nebeneinander, sondern vor- und hintereinander agieren. So, als würden sie einen Ball umkreisen. Auf diese Weise lässt sich die Handschleife lernen. (Der Mittelfinger ist der heimliche Führer der Handbewegung.) Aber warum macht sie uns denn so große Schwierigkeiten? Sie sieht doch so harmlos und leicht aus, wenn sie jemand kann.

*Die Handschleife:
Auf beide Hände
kommt es an.*

Kleine Rede von der linken und der rechten Hand

Auf beide Hände kommt es an. Nicht nur auf die rechte. Aber die rechte ist ein bisschen eingebildet. Sie weiß, was sie wert ist. Sie fühlt sich als der wichtigere Teil.

Als Menschen sind wir genötigt, uns in unserer Seitigkeit zu spezialisieren. Wollen wir unser Denken, Sprechen, Schreiben und Handeln (mit Gegenständen und Instrumenten) im Rahmen unserer Zivilisation entwickeln, werden der linken Hirnhälfte und in der Regel der rechten Hand spezifische Fähigkeiten antrainiert. Die Linke könnte das auch, aber sie wird nicht gebraucht. Bei beidhändigen Tätigkeiten muss sie oft mühsam nachholen. (Beim Klavierspielen, bei der Percussion.)

Insbesondere die Rechte ist gewöhnt, nach vorne zuzugreifen. Bewegt sich der Arm nach unten oder oben, zeigt auch die Hand in die jeweilige Richtung. Bei der Handschleife ist es umgekehrt. Ich muss die Greifgewohnheit loslassen.

Die Rechte ist schnell. Die Linke kann nur mühsam folgen. Aber das schafft gerade hier Kuddelmuddel. Ich muss mich auf Langsamkeit einlassen, damit ich das Ganze lerne, muss meine eigene Lerngeschwindigkeit finden. Wer das nicht tut, gibt schnell auf und lässt sich eine wunderbare Gelegenheit zum Lernen entgehen.

Von Natur aus sind wir mit gleichwertigen Händen begabt. Auch die Linke möchte mal. Sie hat sogar besondere Qualitäten.

Von einer italienischen Autorin gibt es ein Buch mit dem Titel: Die Kraft der anderen Hand[1]: Sie hatte während einer schweren Krankheit gemerkt, dass sich im unbeholfenen Schreiben der linken Hand ihr inneres Kind meldete. Sie gab dem inneren Kind Raum, führte Dialoge zwischen der rechten und der linken Hand. Das bewirkte einen Prozess, der sie zu psychischem und körperlichem Gleichgewicht und zur Heilung führte.

Wer mit der Unbeholfenheit seiner linken Hand zu tun hat, kann seine «pädagogischen Fähigkeiten» an sich selbst prüfen.

Wie gehe ich mit einem solchen Phänomen von scheinbarer Unfähigkeit, von Langsamkeit und Ungeschicklichkeit um?

Und schließlich kann man auch seinen politischen Reim darauf machen:

Oben angekommen, macht die Linke genau dasselbe wie die Rechte. Oder: Hier muss auch einmal die Rechte der Linken folgen. Und umgekehrt. Die Rechte kann sich ausruhen, die Linke muss sich anstrengen. Und umgekehrt.

Nicht Ausschließlichkeit, starre Hierarchie und Dominanz, sondern Beweglichkeit und Wechselspiel – vielleicht eine gute Vorübung für Verhandlungen, Gespräche usw. Vielleicht kann die Beweglichkeit der Hände die Beweglichkeit im Kopf etwas stimulieren. Außerdem kann ich mich fragen: Wie weit reicht die Bewegung in den Körper hinein? Lasse ich mich auf die Handschleife ein, erkenne ich: Es ist eine gute Übung, um Gleichgewicht zwischen rechts und links zu schaffen, Ausgleich … Harmonie, nicht durch «Verhalten», sondern durch «Handeln» im wahrsten Sinne des Wortes.

Der kleine freche Wüstenfuchs mit Hand- und Fußbewegungen

Wir stehen auf und erzeugen zunächst den Fußrhythmus:

a) Füße geschlossen,

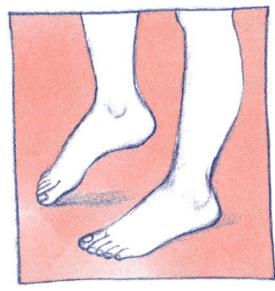

b) den ganzen Fuß nach rechts setzen und mit dem linken nach rechts nachtippen,

c) dann den ganzen Fuß nach links setzen und mit dem rechten nachtippen.

Rechts … tip – links … tip – rechts … tip – links … tip

Es ist wichtig, dass der Fußrhythmus sich einschwingen kann. Auch die Hüften können mitmachen. Am schönsten ist es, wenn das Lied im Kreis getanzt wird. Die ganze Gruppe kommt mit dem Fußrhythmus in Schwingung, und der Einzelne kann sich getragen fühlen. Wenn der Fußrhythmus eingespielt ist, nehmen wir die Stimme und die Hände (Klatschfiguren, «Fata Morgana des Klatschens» und Handschleife) dazu. Der Fußrhythmus soll das tragende Element sein. – Aber, herrje! Füße und Hände machen ja etwas Unterschiedliches, und da gibt es natürlich erst einmal Koordinationsschwierigkeiten.
Deshalb:

a) zunächst in den Fußrhythmus einschwingen,

b) den Fußrhythmus mit einzelnen Handbewegungen zusammen üben,

c) Fußrhythmus dann mit dem Singen verbinden.

Das ist jetzt schon ein ziemlich komplexes Programm. Wenn wir es mit Kindern zusammen machen, können wir zunächst einmal nur eine einfache Handfigur (z. B. das Tek, tek, torok) mit dem Singen verbinden und dann nach und nach alles andere dazunehmen.

Ping und Pong (Daumenvers)

L R		Wenn der linke Daumen sich streckt,
Ping und Pong		ist der rechte in der Faust, streckt sich
L R		der rechte, verschwindet der linke.
für und von		
L R		
auf und ab		
L R		
trip und trap		
L R		
schwarz und weiß		
L R		
laut und leis		
L R		
Zeit und Raum		
L R		
Tag und Traum		
L R		
ich und du		Beide Daumen bleiben stehen.
L R		
brauchen Ruh.		Bei «Ruh» verschwinden beide Daumen.

Der Daumen ist der Finger, dem häufig Vitalität, Tatkraft und Durchsetzungsvermögen zugeordnet werden, vgl. das «Daumendrücken» oder den gestreckten Daumen als Geste von Lob und Aufwertung.

Die Übung fördert die Balance der beiden Hände und Körperhälften.

Bauch- und Popoklatschlied

Bei Mäd-chen, Jun - ge, Frau und Mann sind an den Ar - men Hän - de dran und an den Hän - den schma - le Din - ger, seht ihr, das sind mei - ne Fin-ger. Klatsch-bam klatsch-bam klatsch-
bam klatsch-bam klatsch-

Refrain ab 3. Strophe

54 Musik fängt mit dem Klatschen an

Bei Mädchen, Junge, Frau und Mann
sind an den Armen Hände dran
und an den Händen schmale Dinger –
seht ihr, das sind meine Finger.

Ich habe eine rechte Hand,
ich habe eine linke Hand,
und wenn ich sie zusammenpatsch,
macht's klatsch.

Bauch- und Popoklatschlied

Und klatscht man sich
auf seinen Bauch,
dann wackelt der,
das soll er auch.
KLATSCH BAM (3-mal) PAORI TEK TEK TEK
KLATSCH BAM (3-mal) PAORI TEK.

Und klatsche ich auf
meinen Kopf,
das seh ich nicht
und hör es doch.
KLATSCH BAM (3-mal) PAORI TEK TEK TEK
KLATSCH BAM (3-mal) PAORI TEK.

Und klatsche ich
auf meinen Po,
das siehst du hier,
und das geht so:
KLATSCH BAM (3-mal) PAORI TEK TEK TEK
KLATSCH BAM (3-mal) PAORI TEK.

Sehr leise klatscht
Herr Pingelich.
Der klatscht was
mit zwei Fingern sich.
KLITSCH BIM (3-mal) PI IRI TIK TIK TIK
KLITSCH BIM (3-mal) PI IRI TIK.

Wer klatscht, macht sich die Hände warm,
im Stehen und im Sitzen.
Wer klatscht, macht sich die Hände warm
bis in die Fingerspitzen.

Ich fühle deine Hände,
und du fühlst meine auch.
Gib mir ein bisschen Wärme,
weil ich sie grade brauch.

Hände in gemeinsamer Bewegung

Zur letzten Strophe stellen sich je zwei Kinder gegenüber und berühren sich mit den Innenflächen der Hände. Die Hände wandern dann so aneinander gelegt langsam auf und ab. – Als Abschluss kann noch einmal der Refrain geklatscht und gesungen werden: Die Kinder klatschen erst in die eigenen Hände, dann mit beiden Händen zugleich in die Hände des Partners, nun wieder in die eigenen und schließlich abwechselnd über Kreuz in die linke und rechte Hand des Partners.

Bauch- und Popoklatschlied

Das gegenseitige und miteinander ausgeführte Erzeugen von Klatschrhythmen ist jedoch auch für uns Erwachsene eine gute Übung. Kinder kennen das manchmal vom Schulhof. Ich muss mich mit den Händen auf den Partner einstimmen, sonst «klappt» es nicht. Eine gute Einführungsübung besteht auch darin, dass ein Partner horizontal, der andere vertikal klatscht, und das ineinander und aufeinander abgestimmt im gleichen Klatschraum ...

Eine besondere Qualität hat dann jene Übung, in der die Handflächen aneinander gelegt werden und sich gegenseitig führen. Beidseitige Berührung: Wir berühren und werden berührt. Wir spüren die Berührung des oder der anderen und geben unsere eigenen Bewegungen ein:

Wer übernimmt die Führung?
Wie fühle ich mich, wenn ich führe oder geführt werde?
Kommt ein Wechsel in der Führung zustande?
Können wir Gestalt und Geschwindigkeit variieren?
Macht es Spaß, oder ermüdet es?

Ich kann in dieser Übung sehr viel über mich und mein Gegenüber lernen. Und das sollte ganz ohne Worte geschehen. Vieles, was ich hier erfahre, kann ich dann aber auch auf Gespräche übertragen:

Hat immer nur einer die Gesprächsführung, oder ergibt sich ein Wechselspiel?
Wird etwas ausgetauscht, was es vorher schon gab, wird lediglich etwas referiert, oder entsteht im Wechselspiel etwas Neues, was so noch nicht da war?

Ein solches schweigsames Handritual kann als Vorspann zu einem Gespräch, zu einer Begegnung im Wort benutzt werden. Ich spüre, mit welchen Energien ich es bei mir und meinem Gegenüber zu tun habe. Und das kann sehr hilfreich sein, bevor wir in den verbalen Austausch gehen.

In dem Lied leitet das paarweise «Schulhofklatschen» in einen fühlsameren Berührungsaustausch über, der für Kinder und Erwachsene heute so wichtig geworden ist.

Das Karateklatschen

Richtig «gefährlich» wird es beim Karateklatschen. Hier müssen wir besonders aufmerksam und konzentriert sein. Zu Beginn werden die Handinnenflächen in Gebetshaltung vor der Brust aneinander gelegt. Wir verneigen uns. Nun nehmen wir die Karateklatschstellung ein:

Mit schulterbreit voneinander entfernten Füßen gehen wir leicht in die Knie. Das ganze Gewicht wird auf den linken Fuß verlagert, und wir heben den rechten Fuß und den rechten Arm mit ausgestreckten, geschlossenen Fingern angewinkelt hoch. Jetzt lassen wir die rechte Hand und den rechten

Fuß nach vorne schnellen, stampfen laut auf und rufen: Pau! Wenn auf der rechten Seite Geister waren, sind sie jetzt verscheucht.

Unser ganzes Gewicht verlagern wir nun auf den rechten Fuß und heben den linken Fuß und den linken Arm angewinkelt hoch, stampfen mit dem linken Fuß auf und rufen wieder: Pau! Auch die Geister auf der linken Seite sind nun weg. Jetzt können wir uns neue Kraft und Energie holen, indem wir in die Knie gehen, beide Arme kreisförmig nach hinten schwingen lassen und dazu zählen:

Eins (nach hinten kreisen)
und zwei (nach hinten kreisen)
und drei (nach hinten kreisen)
und PAU.

Oder:
Eins
und Hupp
und Tsching
und PAU.

Zu PAU klatschen wir in die Hände und strecken sie dann flach nach vorne aus. Dieses Karateklatschen können wir in alle vier Himmelsrichtungen machen, bis wir wieder am Ausgangspunkt angelangt sind. Nun verneigen wir uns in Gebetshaltung, und die Übung ist zu Ende.

Kopf, Herz und Hand – von frühen Zusammenhängen

Das «Gedicht vom Ich» kann Anlass zur Besinnung sein, zur Nachdenklichkeit. Es spricht Kopf und Herz an. Und das Singen aktiviert ebenfalls diese Bereiche. Mit den Klatschübungen haben wir unsere Hände aktiviert. Natürlich gibt es noch andere Möglichkeiten. Wir haben also schon so etwas wie einen Verbund von Kopf (Gehirn), Herz und Hand hergestellt. Wir haben erfahren, wie sich Kopf, Herz und Hand beim Lernen in Verbindung bringen lassen. Eine Forderung, die schon der Pädagoge Pestalozzi ausgesprochen hat: Lernen mit Kopf, Herz und Hand – eine Forderung, die immer wieder neu be*herz*igt werden will …

Das Gehirn organisiert das Wachstum des menschlichen Organismus. Vom Kopf aus organisiert das Kind seine willkürliche Beweglichkeit. Es hebt zuerst den Kopf, dann werden nach und nach auch die anderen Körperteile willkürlich bewegt. Menschliche Beweglichkeit kommt von der Bewusstwerdung her. Der Mensch ist sprachgestaltet. Mit der Aufrichtung erhält der Kopf seine Position, Einsicht und Überblick. Hier ist der Mensch am ehesten ansprechbar, ergibt sich also gewohnter Kontakt. Ein zu früher und gleich ganzheitlicher Einstieg in die Körperarbeit würde die TeilnehmerInnen vor «den Kopf stoßen».

Unser eigener Organismus zeigt uns immer wieder, dass unsere Organe bestrebt sind, harmonisch zusammenzuarbeiten; ein Zusammenspiel zwischen Kopf, Herz und Hand, das bereits vor der Geburt beginnt, und davon erzähle ich im Folgenden:

Wenn der Mensch noch ganz klein ist – so klein, dass er noch nicht einmal draußen auf der Welt ist, sondern als ein eigenartiges Wasserwesen im Fruchtwasser des Mutterleibes herumschwimmt, wie ein kleiner Fisch oder eine Kaulquappe –, dann nimmt er ganz, ganz langsam Gestalt an. Es *könnte* jetzt noch genauso gut ein Küken oder ein Hund sein. Die sehen, wenn sie so klein sind, ganz ähnlich aus. Doch das täuscht. In seiner ganzen Anlage, seinem Entwicklungspotenzial ist es schon Mensch bzw. kann sich nur zu einem Menschen entwickeln. Es hat schon einen Kopf und auch Arme und Beine, deren äußere Enden sich noch einmal aufgliedern in Hände und Füße, in Zehen und Finger. Die Hände und Arme scheinen zunächst leblos, wie tot, sind ganz und gar mit Wachsen befasst, werden nur vom Fruchtwasser bewegt. Sie sind eins mit dem, was um sie ist. Es gibt noch keine eigenständige Bewegung. Dann eines Tages schweben die Hände auf das kleine Herz zu, das inzwischen schon lange angefangen hat zu schlagen und sich dem großen Rhythmus zugesellt hat, der vom Herzen der Mutter ausgeht. Die Hände wandern auf das kleine Herz zu, werden vom Rhythmus des eigenen Herzens belebt und bewegt. «Innerviert», sagen die Wissenschaftler. Jetzt werden Arme und Hände lebendig, fangen an, sich selbständig und vom Kind aus zu bewegen. Strecken, Drücken, Pressen, alles Mögliche. Machen langsame, manchmal auch heftige Bewegungen. Eine Art Embryonal-Tai-Chi. Ein Schwimmen in der «Luft». Mit der äußeren Aktivität entwickelt sich auch die innere Aktivität. Das Gehirn, das mit der Haut aus der gleichen Zellsubstanz (Ektoderm) stammt, wird zum organisierenden Organ. «Die Hände sind unser äußeres Gehirn», sagt Kant. Hirn, Hand und Herz bleiben lebenslang energetisch verbunden. In der Pädagogik strebt man diese Dreiheit wieder an. Doch derweilen bewegt das Kind seine Arme und Hände im Mutterleib, und das kann jede Mutter und durch Handauflegen jeder Vater ganz deutlich spüren.

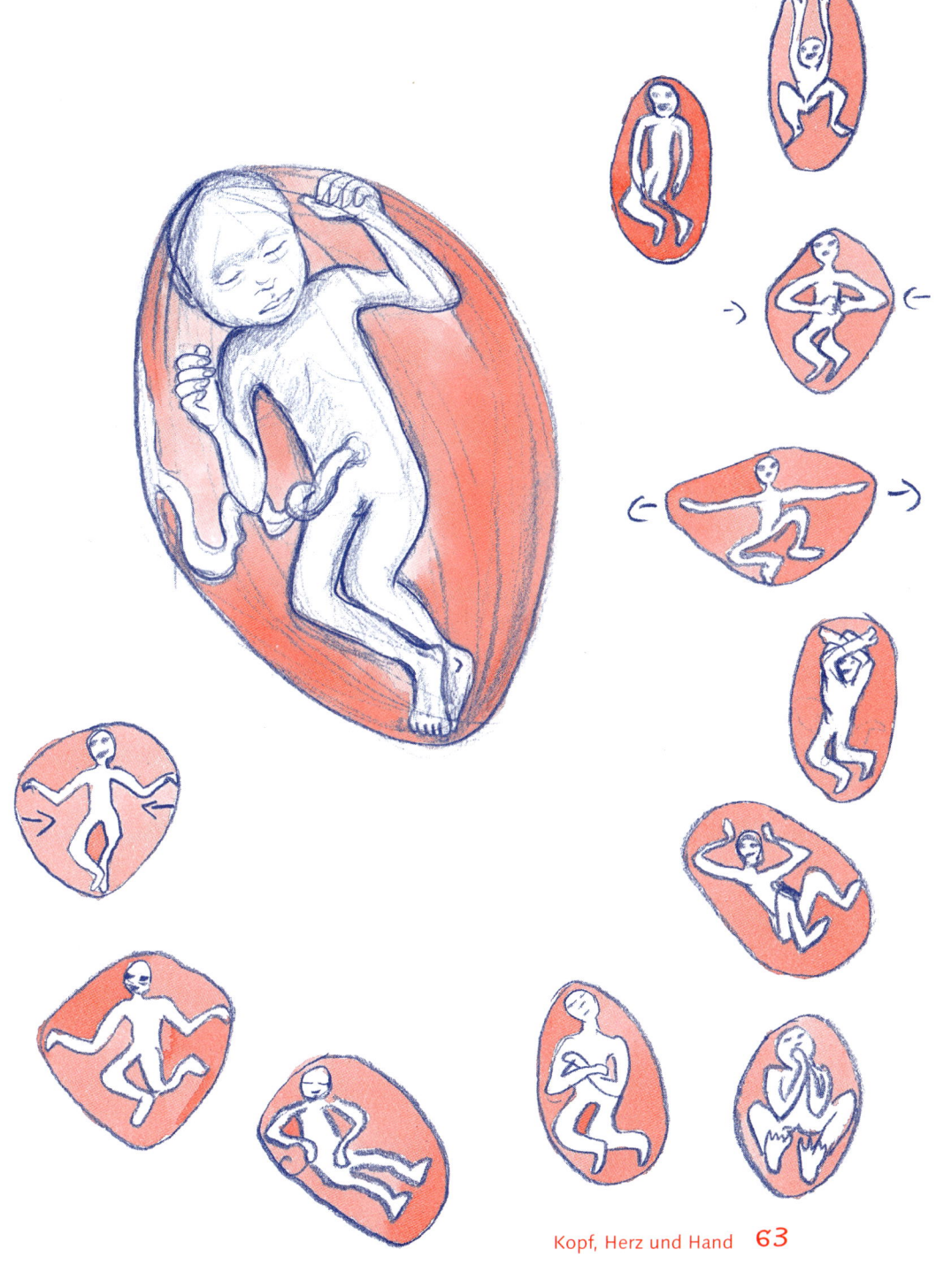

Kopf, Herz und Hand

*Musik entsteht im Medium des Körpers,
und die Stimme ist ihr erstes Instrument.*

Fußrhythmus- und Trampellieder

Fußsohlen

*Fußsohlen sind, das hab ich gelernt,
von allen Körperteilen der tiefste
und am weitesten von meinem Kopf entfernt.
Fußsohlen sind ein Grenzorgan,
denn da fängt der Mensch, wenn er steht, erst an,
hier hebt er sich ab, hier kommt er zum Glück
Schritt für Schritt auf die Erde zurück.*

*Fußsohlen freuen sich ganz ungeniert,
werden sie von der Erde massiert.
Fußsohlen haben ein eig'nes Gesicht,
doch seh'n sie sich im Spiegel nicht.
Fußsohlen können Grimassen schneiden,
wenn sie in todschicken Schuhen leiden.
Fußsohlen fühl'n sich vom Kitzeln beglückt,
wenn's zu viel wird, werden sie beinah verrückt.*

*Der Mensch ist sehr stolz auf Kopf, Herz und Hände,
doch hier sagen Fußsohlen auch mal ein Wort:
Gründliche Grüße vom anderen Ende.*

Guck, der kleine König kommt

Refrain: Guck, der kleine König kommt,
kommt mit leichten Füßen,
tip tap tip tap tip tap tip,
lässt euch alle grüßen.

Was er fühlt, das zeigt er gleich
mit den eig'nen Füßen,
freut er sich, dann hüpft er hoch,
lässt sich nicht verdrießen.
Hip hop hip hop hip hop hip hop.
Refrain

Ist er wütend, zeigt er das,
hat nicht lang gefackelt,
stampft mit seinen Hacken auf,
dass die Erde wackelt.
Verflixt, verflixt und zugenäht,
was bin ich heut so abgedreht.
Refrain

Jetzt steht er ganz ruhig da,
hebt nur seine Zehen,
rauf und runter, auf und ab,
niemand kann das sehen.
Rauf und runter, rauf und runter,
das macht müde Füße munter.
Refrain

Zauberfüße hat er auch,
selbst im Stehenbleiben.
Ein Fuß stützt, der and're kann
malen und auch schreiben.
Malt mit seinen Zehen dann
schwungvoll sich ein D,
malt ein B und malt ein X
und zum Schluss ein C.
Refrain

Und danach macht er Musik
mit den eig'nen Hacken,
lässt ein' kleinen Königsrhythmus
aus den Hacken klacken.
Refrain ohne Worte

Guck, der kleine König geht
weg auf Zauberfüßen,
tip tap tip tap tip tap tip,
lässt euch alle grüßen.

Alle Fußbewegungen werden im Lied beschrieben. Für den Refrain in der vorletzten Strophe kann ein Hackenrhythmus improvisiert werden.

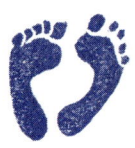

Der Fußrhythmus-Dialog

Ich fange mit einem «Auftritt» an. Die Gruppe versucht, das Geräusch gemeinsam *nach*zumachen (also nicht gleichzeitig). Das ist zunächst schwierig, denn die Reaktionszeit ist bei jedem unterschiedlich.

Aber schon bei zwei und dann auch bei drei und vier Fußtönen hintereinander wird es für die Gruppe einfacher. Je deutlicher die rhythmische Gestalt wird, desto besser können die Füße antworten.

Ich mache weiter, indem ich lange und kurze Pausen zwischen den Stampfern mache, Schnelles und Langsames miteinander kombiniere.

Wenn die Füße erst einmal auf Trab bzw. in Rhythmusstimmung gekommen sind, machen sie auch komplizierter werdende Fußrhythmen mit bzw. nach. Gerade weil nicht so viel im Kopf gedacht wird, sondern die Intelligenz in die Füße wandert.

Jetzt können auch Fußrhythmus-Vorschläge aus der Gruppe kommen, die dann von allen Füßen «getrappelt» werden. (Mir fällt auf, dass es anscheinend kein einigermaßen elegantes Verb für «Fußtöne» gibt.) So verlagert sich die Dialogführung vom Gruppenleiter auf die Gruppe. Fußrhythmen kann ich auch variieren, indem ich Ferse, Ballen und Zehen jeweils einzeln und in unterschiedlicher Abfolge zur Klangerzeugung benutze.

Und nach diesen Übungen haben wir garantiert warme und gut durchblutete Füße.

Das Nilpferd geht zum Nil oder Die Entdeckung des inneren Nilpferdes

Jede(r) von uns hat ein «inneres Nilpferd», das ist behäbig und kann sich doch sehr elegant bewegen. Es muss nicht unbedingt etwas mit unserer konkreten Körpergestalt zu tun haben. Es kann schlanker oder dicker sein als wir. Je nachdem, wie sich unser inneres Nilpferd anfühlt. Und so bewegt sich jede(r), der/die sein/ihr inneres Nilpferd entdeckt hat, auch etwas anders. Um Kindern den Einstieg zu erleichtern, kann ich fragen: Stellt euch vor, ihr seid ein Nilpferd. Was möchtet ihr für ein Nilpferd sein?

> Das Nilpferd stampft auf die betonten Silben des Liedes. So ein langsamer Fußrhythmus – der auch so bleibt und nicht schneller wird – ist für Kinder schon eine Übungsaufgabe.
>
> Das große Maul lässt sich leicht mit vorgestreckten Armen und Händen darstellen. Sie bleiben auch bei der Drehung erhoben und klappen dann am Schluss zu.
>
> Die Pausen können eventuell verlängert werden, sodass der Fußrhythmus bzw. der Stampfgang des Nilpferds gut zum Tragen kommt.

Das Nilpferd

Das Nilpferd geht zum Nil,
bewegt sich gar nicht viel.

Doch spürt es Fuß für Fuß
die Erde mit Genuss.

Es hat ein großes Maul
und ist sehr gerne faul.

Es dreht sich einmal rum
und fällt dabei nicht um.

Und braucht es seine Ruh,
klappt es sein Großmaul zu.

Grußlied aus Nupitanien

Beim nächsten Lied heißt es erst einmal: *aufstehen* und kreuz und quer im Raum *herumgehen*. Es ergibt sich so ganz von selber, dass wir aufeinander zugehen und uns wieder voneinander entfernen. Bei Kindern ist darauf zu achten, dies Lied nur dann einzusetzen, wenn ein einigermaßen ruhiges Gehen möglich ist. Es sollte keine hektische Schulhofatmosphäre aufkommen.

Das Lied heißt «Grußlied aus Nupitanien». Es geht darum, unterschiedliche Partnerinnen und Partner zu begrüßen, d. h. Grußgebärden auszutauschen, zu entwickeln und zu variieren.

Ein Lied, das gut am Anfang eines neuen Schuljahres oder am Anfang eines neuen Kindergartenjahres gesungen werden kann, wenn also viele Kinder, die sich noch nicht kennen, in eine Gruppe kommen bzw. neue Kinder aufgenommen werden. Dazu ist dieses Begrüßungslied sehr geeignet.

Der Kehrreim des Liedes ist nicht schwer. Er lässt sich leicht mitsingen. Singen und Sichbewegen können so anregend aufeinander wirken.

1. *Refrain:* Im Lande Nupitanien
geht's nupitanisch her,
denn alle Nupitanier
geh'n gerne kreuz und quer.

Die Nupitanier wandern
von einem Ort zum andern
und stehen da in Ruh
und nicken sich nur zu.

Grußlied aus Nupitanien

2. *Refrain:* Ich mit dir, du mit mir,
ich mit dir, du mit mir.
Das war ganz famos,
da laufen se wieder los.
1. *Refrain:* Im Lande …

Die Nupitanier streben,
wenn sie die Hand sich geben,
aufeinander zu,
genau wie ich und du.
Refrain 2+1

Die Nupitanier heben
jetzt ihre rechte Faust
und stumpen sich ganz sachte,
ja, kräftig sind sie auch.

Refrain: Erst mit rechts,
dann mit links!
Ja, so geht's,
ja, so ging's!
Das war ganz famos,
da laufen se wieder los.
1. *Refrain:* Im Lande …

Die Nupitanier heben
jetzt ihre linke Hand,
berühren sich zum Friedensgruß
im Nupitanierland.

Refrain: Dann mit rechts,
dann mit links!
Ja, so geht's,
ja, so ging's!
Das war ganz famos,
da laufen se wieder los.
1. *Refrain:* Im Lande …

Sie stehen voreinander,
und einer klopft dem andern
die Schulter mit der Hand,
so wird man sich bekannt.

Refrain: Erst mit rechts …
1. *Refrain:* Im Lande …

Sie gehen sehr geruhsam
und tun dabei nicht flitzen
und tippen sich einander
auf ihre Nasenspitzen.

Refrain: Erst mit rechts …
1. *Refrain:* Im Lande …

Was tun sie mit Entzücken?
Sie reiben ihre Rücken
sehr wohlig auf und nieder –
jetzt tun sie es schon wieder!
Refrain 2+1

Und jetzt in jedem Falle,
da kennen sie sich alle
und steh'n im Kreis am Ende
und reichen sich die Hände.
Das ist ganz famos,
und keiner läuft mehr los.
(*Refrain 2+1*)

Grußlied aus Nupitanien

Zusatzstrophen je nach Bedarf

Die Nupitanier grüßen
sich manchmal mit den Füßen.
Auch da kann man was spüren,
wenn Füße sich berühren.

Die Nupitanier schielen
bei Stippevöttche spielen
und stupsen Po an Po,
und das geht nämlich so!
Refrain 2 +1

Ja, ja, die Nupitanier,
weil allesamt was taugen,
da steh'n sie da und lächeln
und schau'n sich in die Augen.
Refrain 2+1

Die Nupitanier gehen
heut alle aus sich raus.
Begrüßen sich mal anders
und denken sich was aus.
(Wie das wohl geht?)
Refrain 2+1

Z. B.
– Boxergruß (sich mit erhobenen
  Fäusten berühren)
– Herzensgeste (linke Hand aufs
  Herz)
– gekreuzte Arme

Im Lande Nupitanien
ist heut was andres los,
da grüßen sich die Zimmerleut,
wie machen die das bloß?

Refrain: Ich mit dir,
bam … bam … bam,
du mit mir, bam … bam … bam.

Zimmermannsgruß – als Ergänzung zu den Grußformen im Lied:

a) ich mit dir,
   bam … bam … bam
b) du mit mir,
   bam … bam … bam

Zu jedem Wort wird eine Bewegung aus dem Zimmermannsgruß gemacht:
1. Patschen auf die Oberschenkel
   a) «ich»   b) «du»
2. Hände in die Hüften stemmen
   a) «mit»   b) «mit»
3. In die eigenen Hände klatschen
   a) «dir»   b) «mir»
4. Über Kreuz in die linke Hand des Partners
   «bam»
5. Über Kreuz in die rechte Hand des Partners
   «bam»
6. Beide Hände gegeneinander klatschen
   «bam»

Grußlied aus Nupitanien

Wie blinde Füße lesen lernen – die Geschichte von Gerda und Gabi[2]
Spielerisches Gehen als Sprachförderung

I

Eine junge Frau hat viel gelernt. Auf der Universität. Die ganze Kinder- und Entwicklungspsychologie rauf und runter. Sie glaubt, genau zu wissen, in welchen Entwicklungsschritten Sprache und Bewusstsein beim Kind entstehen. Sie weiß Bescheid und kann anderen davon erzählen, was Piaget, Wygotski, Spitz, Jakobson u. a. beobachtet und geschrieben haben.

Beobachtungen an Kindern, Beispiele und Fälle liefern Beweismaterial für Theorien, mehr nicht. Doch als Frau setzt sie andere Schwerpunkte als die männlichen Wissenschaftler. Ihre Arbeit an einem Forschungsprojekt wird nicht weiter unterstützt und finanziert. Sie hat plötzlich sehr viel Zeit, sich umzuschauen.

In einem Krankenhaus begegnet Gerda einem siebenjährigen sehbehinderten Mädchen, das mehrere erfolglose Augenoperationen hinter sich hat und unter epileptischen Anfällen leidet. Gabi hat den Entwicklungsstand einer Zweijährigen: spricht stockend und abgehackt, kann weder lesen noch schreiben. Hüpfen, balancieren und rückwärts gehen – nicht daran zu denken. Gabi schließt sich eng an Gerda an. Es gibt in dem Krankenhaus einen ruhigen Raum, und Gerda hat Zeit. Gerda mag Gabi. Sie findet bei ihr Ausdrucks-, Rhythmus- und Lernfreude – fast einen Hunger. Bisher wurden eher die Behinderungen des Mädchens gesehen. Aus den zufälligen Treffen ist eine Begegnung geworden.

II

Die Begegnung ist zugleich eine Enttäuschung. Gerda kann mit allem, was sie an der Universität gelernt hat, nicht viel anfangen. Die Theorie ist logisch. Aber sie hilft nicht. Die Enttäuschung, die sich nach und nach einstellt, ist heftig bzw. das, was man den

«Praxisschock» nennt. Gerda bleibt nichts anderes übrig, als sich einfach nur auf das Mädchen einzulassen. Wissenschaft hat auch etwas mit Neugier zu tun. Sie macht also mit ihr eher unsinnige Dinge. Etwas, was erst einmal «nur» Spaß macht: körpernahe Balancierübungen. Gerda legt sich auf den Rücken, und Gabi balanciert auf ihr herum. Berührungsängste verschwinden. Sie vertrauen sich. Dazu Singsang, Trällern und Lachen. Keine Angst davor, albern zu werden.

Wie von selbst wirken Gleichgewichtssinn, Hören und Artikulationsfähigkeit aufeinander ein, fördern sich gegenseitig. Aus dem Praxisschock wird ein heilsamer Neuanfang.

III

Körpernahe Gleichgewichtsübungen bewirken ein differenzierteres Körpergefühl. Gabi nimmt Gestalt an. Oben – unten; vorn – hinten; Füße – Kopf – Bauch. Das neue Körpergefühl und Körperbewusstsein ist nicht abstrakt da, es wird immer wieder geklatscht und geträllert. Es entstehen Impulse für neue Bewegungen, für immer neue Versuche von Raumerkundung, von spielerischen Raumwegen. Und das alles wird rhythmisiert … es entstehen kleine Lieder … aus dem «Nichts», fast nebenbei und doch mitten im Leben. Gabi macht Lieder in einer Manier, wie sie schon «Pu der Bär» praktiziert hat:

a) Lied vom Treppensteigen,
b) Lied vom Rückwärtsgehen,
c) Lied vom Hüpfen,
d) Lied von den Körperseiten,
e) Lied vom Hüpfen und Springen.

IV

Raumwege
Die australischen Aborigines ergingen sich ihre Welt und ihr Bewusstsein. Gehen / Gang und Sprache sind zwei Seiten einer Medaille. Die Pyramidenbahnen / Motoneuronen sind die längsten Nervenbahnen im menschlichen Körper. Die Bewegungsimpulse beim Gehen, die Atemkontrolle, semantisch-pragmatische Funktionen des Sprachgebrauchs, der Wortsinn, das alles läuft über die Pyramidenbahnen. Werden sie motorisch gestört, steht es auch mit der Sprache und dem Sprechen schlecht. Das Zusammenwirken der gesamtkörperlichen Bewegungen im Kleinen und Großen, innen und außen, bestimmt unser Denk- und Sprachvermögen.

Gabi findet Gefallen an spielerisch-rhythmischen Raumwegen. Es bilden sich Muster von Gangarten im Raum; eine Art Intelligenz der Füße, räumliche Intelligenz im Medium der gehenden Füße – geometrische Ahnungen. Als würden die Füße Elemente von großen Zeichen ahnen und ergehen.

«Blind sein» als Ausgangszustand des Sehenkönnens; erst der ertastete und ergangene, dann der visuell wahrgenommene, der gesehene Raum. Gleichzeitig: Entwicklung der Vorstellungskraft. Virtuelle Bewegung ist die Grundlage der Phantasie. Gesteuerte Bewegung setzt vorgestellte Bewegung voraus.

Ausgehend vom Achsenkreuz des eigenen Körpers baut sich Gabi das Orientierungsbewusstsein im Raum auf. Linien – Parallelen – Diagonalen – Kreise – Quadrate – Spiralen. Gerda singt und rhythmisiert Gabi ihre Körperkoordinaten. Das sehbehinderte Kind erkennt die Hauptkoordinaten. Das Erkennen der Vertikalachse,

Weg von unten nach oben, ist die Konstante menschlicher Raumorientierung, ausgehend von den Phasen im Bewusstseinsprozess der Aufrichtung (Kopfheben, Kriechen, Krabbeln, Sitzen, Stehen, Gehen).

Von hier aus entstehen dann die Muster des Weges in und durch den Raum:

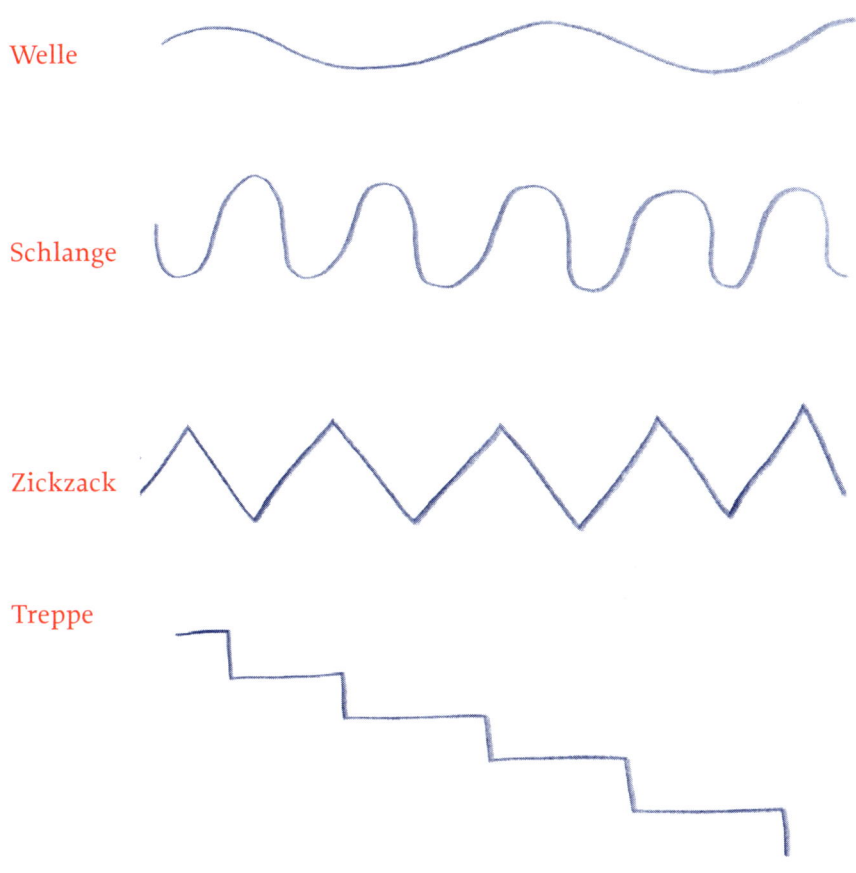

Welle

Schlange

Zickzack

Treppe

Aber: Gabi kann zuerst kein Männchen malen, keine Buchstaben nachvollziehen.

Gabi hat Angst vor Buchstaben.

V

«Se hace camino al andar» heißt es im Spanischen («Der Weg entsteht durch Gehen»). Gerda macht die Raumwege durch Klebeband deutlich, bringt alle Wegmuster in einem großen Elementarzeichen zusammen.

Gabi lernt die Wege der Füße auf Papier aufzuzeichnen. Sie entpuppen sich als Elementarzeichen, aus denen sich Buchstaben zusammensetzen. Die Intelligenz der Füße verbindet sich mit der Intelligenz der Hände. Die Hände machen aus den Raumwegen der Füße handliche Gestalten. Sprache nimmt Gestalt an. Alle unsere Buchstaben sind aus ursprünglich leiblichen Gestalten und Gestaltungen hervorgegangen. Der Grundzugang zum Schreiben und Lesen ist gefunden.

Nach einem Jahr mit diesen Übungen kann Gabi schreiben und lesen.

VI

Zuerst nur Praxis und Spiel. Und für die Erkenntnis eher ein Wirrwarr, ein großer Nebel, in dem jedoch Fähigkeiten von Gabi deutlich werden und sich Strategien entwickeln. Gabi muss alles nachholen. Langsamkeit und Geduld sind notwendig. Elementare Bewegungsabläufe müssen einzeln und in Einzelheiten extra geübt werden. Sie werden dadurch – anders als bei normalen Kindern – erst sichtbar, nehmen Kontur an. Bei normalen Kindern sind sie in den entsprechend langen Zeiträumen nicht zu erkennen.

Nachholen als «schnelle» Abfolge der Gestalten. Mit erstaunlicher Geschwindigkeit lässt Gabi Hindernisse hinter sich. Und dadurch steigen aus dem Nebel die Umrisslinien des versunkenen Kontinents früher menschlicher Erfahrungen als Basis für die Entwicklung des menschlichen Bewusstseins hervor. So etwas wie der «Urkontinent der Bildung des menschlichen Bewusstseins», der *Bildung von Geist und Sprache aus leiblichen Vollzügen*. Stehen → Verstehen; Greifen → Begreifen; Gehen → Gedankengang/Denken. Ahnungen und Vorstellungen, wie wir sie bei der Betrachtung dieser Worte und ihrer Praxisfelder schon immer hatten, werden im Miteinander von Gerda und Gabi offenkundig und konkret. Der unsichtbare Kontinent wird deutlich.

Beweglichkeit geht auch zu zweit!

Berührung macht Musik erst schön

Das klitzekleine Wohlgefühl

Ein klitzekleines Wohlgefühl
ist in mir rumgeflippt,
doch als es in der Nase saß,
da hab ich es ertippt.

Es wanderte die Stirn hinauf,
dass es zum Kopf raufkam,
da war es unter meiner Hand
sehr wohlig, still und warm.

Dann schwebte es auf meine Schulter herab
und landete leicht und sacht,
umrundet die Schulter und hat sie dann
ganz wohlig warm gemacht.

Dann saß es drin in meinem Kinn –
wie kam es da wohl rein?
Doch jetzt ist es in meinem Herz'
warm wie ein Sonnenschein.

> Die Hände berühren die entsprechenden Körperteile.

Es streichelt an meinen Beinen herab,
die Hände begrüßen die Füße
und sagen: Wie geht's?, und umfassen sie sacht
und bringen sehr handliche Grüße.

Dann steigt das kleine Wohlgefühl
an meinen Beinen hinauf
und sitzt jetzt, groß geworden und stark,
in meinem Menschenbauch.

Bauchstreichelreim

Wenn ich mir mit meinen Händen
eine Schneckenhausspirale
rund auf meinen Bauch raufmale,
spür'n die Hände meinen Bauch,
und mein Bauch spürt meine Hände
auch.

Um unseren Bauch etwas näher kennen zu lernen, können wir ja einfach einmal die Hände auf ihn legen. Wie fühlt er sich an? Schmiegt er sich in die Hände, oder zieht er sich zurück? Und wenn wir ihn streicheln, können wir das auch mit einem Vers tun, der genau das beschreibt, was die Hände tun.

Hand- und Backenlied

Ich musizier mir selbst was vor   Sprechgesang
und reib die Hände dicht am Ohr.
Refrain: Fideritsch, titsch, titsch, (2-mal)
fiderum, fideram, fideritsch, titsch, titsch.

Den sanft geback'nen Backenklatsch,
den spür ich zwischen pitsch und patsch.
Und spann ich meine Backen an,
merk ich, dass das auch klingen kann.
Refrain: Durup dup dup … (mit den
Fingerspitzen auf die gespannten Backen
trommeln)

Jetzt hab ich mir was ausgedacht
und trommel auf die Brust ganz sacht.
Gemächlich geht's und nicht zu schnell,
die Brust ist jetzt mein Trommelfell.
Refrain: Darap dap dap, darap dap dap, darum,
daram, darap dap dap.

Und unten darunter ist der Bauch,
der schwappt ganz sacht und wackelt auch.
Ich trommel mit der ganzen Hand.
Wie klingt der Bauch? Ich bin gespannt!
Refrain: Dorop dop dop, dorop dop dop, dorum,
doram, dorop dop dop.

Das war Musik mit Kopf und Bauch,
mit Brust und Backen ging es auch.
Doch ist sie jetzt zu Ende,
drum klatscht mal in die Hände!

Der eigene Körper ist ein musikalisches Lernmedium, in dem sich Geräusche und unterschiedliche Rhythmen erzeugen lassen. Auf diese Weise können musikalische Sensibilität und musikalisches Lernen vor dem Gebrauch von fertigen Liedern und Musikinstrumenten grundlegend gefördert werden. Gerade für kleine Kinder muss diese Einsicht immer wieder neu in die Praxis umgesetzt werden:

«Wir streicheln, berühren, beklopfen und wiegen einander, um uns der Bewegungsrhythmen, die das Kind lebt, der haptischen Rhythmen, bewusst zu werden. Wir summen dabei, horchen auf den Rhythmus des eigenen Herzens, fühlen den Schlag unseres Pulses. Wir versuchen, diese Rhythmen hörbar zu machen. Ein feines pochendes Lautnetz entsteht im Raum. Wir singen leise auf den Grundschlag dieses Pochens, spielen mit elementaren Intervallen.»[3]

Vom Berühren und Berührtwerden

Beim Begrüßungslied aus Nupitanien begrüßen wir uns gegenseitig. Das ist eigentlich ganz normal. Wir geben uns die Hand, klopfen uns auf die Schulter und anderes mehr. Aber trotzdem ist das mit dem Berühren so eine Sache. Berührungen können nämlich «normal», aber auch angenehm oder sehr unangenehm sein. Nach manchen Berührungen sehnen wir uns, und vor anderen haben wir Angst, z. B., wenn uns jemand schlägt oder auch mit Worten erniedrigt. Auf Schulhöfen sind solche «Berührungen» leider oft an der Tagesordnung. Dabei geht es beim Berühren eigentlich um Zweiseitigkeit. Berühren ist ein zweiseitiger Vorgang. Was heißt das? Meist denkt man: Nur derjenige/diejenige, der/die berührt wird, fühlt etwas. Doch der Berührende hat ja auch die Möglichkeit zu fühlen. Auch wenn er denkt, er hat dazu keine Zeit.

Je klarer und unmittelbarer beide Partner an der Berührung beteiligt sind, desto deutlicher ist die Wechselseitigkeit. Dann wird nämlich der Berührte, wie z. B. beim fühllosen Schlagen oder Treten, nicht so sehr zum Opfer bzw. zum Objekt gemacht. Lege ich meine Hand auf deine Schulter, um dich zu spüren, dann hast auch du die Möglichkeit, meine Hand auf deiner Schulter zu fühlen. Gerade für Kinder, die negative Erfahrungen mit «Berührungen» gemacht haben, kann solch ein freundschaftlicher – spürfreudiger – Berührungsaustausch heilsam sein.

Wo sexuelle Übergriffe und Gewalt im Spiel waren und Kinder eher blockiert und verängstigt sind, sind solche behutsamen Berührungsformen sehr wichtig. (Das Wort «Missbrauch» scheint mir in diesem Zusammenhang problematisch, denn es impliziert, dass es so etwas wie den richtigen «Gebrauch» von jemandem gibt.)

> Außerdem: Wenn dich andere berühren, ist das oft komisch. Wenn sie dir den Rücken streicheln oder dich an der Taille fassen, stoppst du das vielleicht – oder du musst lachen. Aber fass dich mal selbst an der Taille – musst du dann auch lachen? Was ist der Unterschied? Auf alle Fälle ist es wichtig, immer wieder von neuem hinzuspüren.

Berühren können dich aber nicht nur Hände bzw. Handgebärden. Berühren im übertragenen Sinne können dich auch Worte, Gedichte, Lieder und Verse.

Rundherum auf dem großen Teich

1. Sprechgesang
Ein klitzekleiner Wasserkäfer kreiste
einmal auf dem Teich herum,
in kleinen und in großen Kurven,
mal langsam, mal schnell und immer rundum.
Refrain: Rundherum auf dem großen Teich,
Wasser ist nass, Wasser ist weich.

2.
Und als er dann im Zickzack sauste,
er hat davon nicht genug gekriegt,
haben sich viele Seerosenblätter
– eins hier, eins da –
in den Wellen gewiegt.
Refrain

3.
Und da war ein Mädchen,
das klatschte aufs Wasser,
macht' eine Teichtrommelmusik,
mit beiden Händen, mal laut und mal leise –
ein fröhlich klatschendes Teichtrommelstück.
Refrain

4.
Zwei Krabbenmonster mit ihren fünf Beinen
liefen langsam herauf und herum,
balancierten und fielen
nicht um.
Refrain

5.
Sie versteckten sich in sehr dunklen Ecken,
dann liefen sie wieder langsam einander zu
und berührten sich, um sich neu zu entdecken
und lachten und juchzten und riefen: Juchhu!
Refrain

6.
Dann war nichts mehr da, nur die Winde wehten
in kühlen Brisen über den Teich.
Ganz leise hat noch etwas gegluckst,
dann war es friedlich und still zugleich.
Refrain

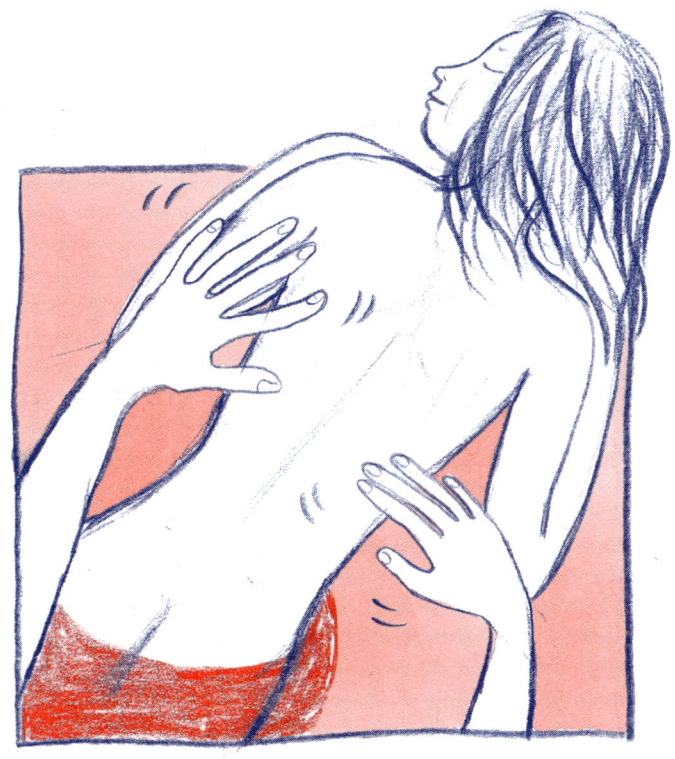

Dem Rücken etwas mit den Händen erzählen

Hier geht es um etwas, was man «taktile Kommunikation» nennen kann bzw. etwas konkreter: Wie kann ich mit meinen Händen bzw. Fingern dem Rücken meiner Partnerin eine Geschichte erzählen? Eine Geschichte, die sie fühlen und verstehen kann?

Feinfühligkeit ist hier wichtig, sonst kommt die Geschichte nicht an. Drücke ich zu fest, tut's weh. Ist der Druck meiner Finger zu gering, wird nichts mitgeteilt. Es ist wie beim Sprechen auch: Rede ich zu laut, wird's anstrengend. Rede ich zu leise, ist es schwierig, mich zu verstehen.

Diese Partnerübung ist in besonderer Weise Vertrauenssache: Ich wende meinen Rücken einem Partner zu, begebe mich gewissermaßen in seine Hände. Unser Rücken, den wir selbst nicht sehen können, ist sensibilisiert durch Lebenserfahrung. Unser Wohlbefinden wird immer auch durch Wohlbefinden im Rücken gesteuert bzw. durch Verspannungen und Schmerzen im Rücken verhindert.

Der gesprochene Text ist eine Art Wegbereiter für die Berührungsformen im Rückenbereich. Ein Wasserkäfer, mit dem die Geschichte beginnt, bewegt sich anders als ein Nashorn. Das müssen die berührenden Finger wissen, und sie müssen in den sich entwickelnden Berührungen Phantasie haben. Sie brauchen ihre eigene Intelligenz (ganz gemäß der Vision von den Händen als dem äußeren Gehirn). In der Geschichte kommen unterschiedliche Hand- und Fingerbewegungen vor:

- Kreisen
- Zickzacklaufen
- Hand auflegen (Seerosenblätter)
- Mit flachen Händen trommeln
- Krabbenmonster – krabbeln
- ausstrecken und streicheln/Schluss

Die Intelligenz und Feinfühligkeit der Hände kann durch die Stimme bzw. die Sprechweise gefördert werden und umgekehrt. Es ist wichtig, dass der Text nicht zu schnell gesprochen wird, dass der Sprecher sich Zeit für Pausen nimmt. Die Vokale sollten verlängert und die Ausdruckskraft der Konsonanten sollte voll genutzt werden. So ist es nämlich möglich, durch Stimmführung und Artikulation den Hand- und Fingerbewegungen die notwendigen Impulse zu geben.

Hier wird eine für die Entstehung der Sprache überhaupt wichtige Wirkungsfolge angesprochen: Kehlkopf, Zunge und Lippen werden von den Ausdrucksbewegungen der Hände aktiviert und unterstützen sich später gegenseitig zur bewussten Verständigung. Die Artikulationsorgane ahmen auf verfeinerte Weise das nach, was die Hände in «Handlungen» vormachen. In späteren Phasen der Sprachentwicklung klingt diese frühe Wirkungsfolge nach.

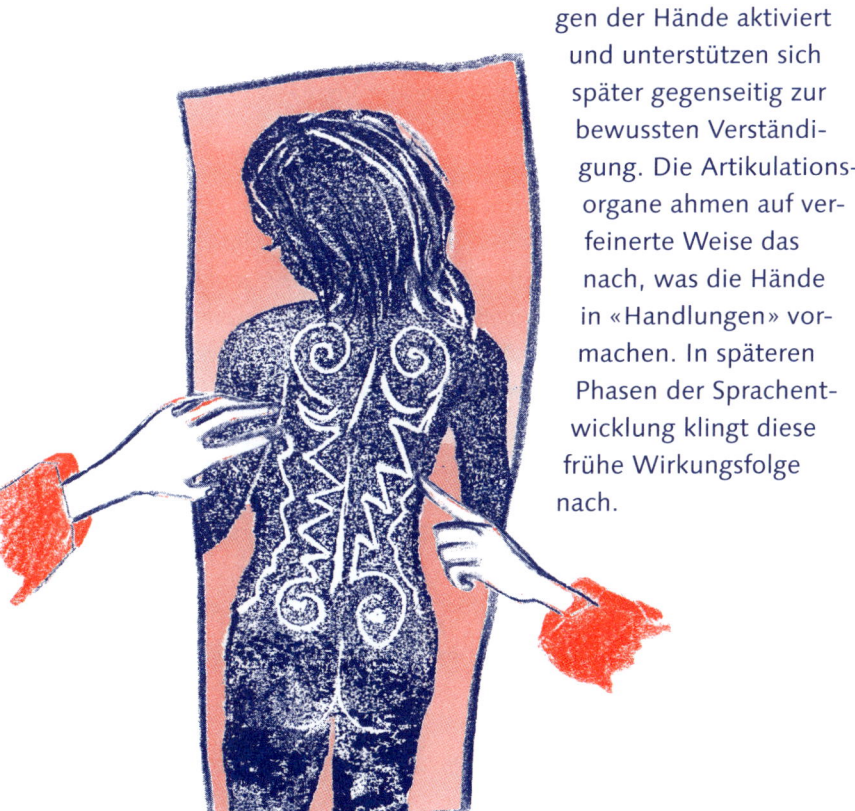

Mit dem Rücken lernen

Nach der 2. Strophe kann eine zusätzliche Berührungsübung eingeführt werden:

a) Und dann fing der Wasserkäfer an, ZAHLEN zu malen, deren Namen man raten kann.

b) Und dann fing der Wasserkäfer an, BUCHSTABEN zu malen, deren Namen man fühlend «lesen» kann.

Auch hier kommt es darauf an, taktile Verständigung zu üben. Ich muss zunächst einfache Buchstaben und Zahlen wählen und auch darauf achten, dass ich sie in einer Geschwindigkeit aufmale, die der Verständigung entgegenkommt.

Eine kleine Übung zum beweglichen Lesen also, bei der wir Zahlen und Buchstaben am eigenen Leib erfahren, bei der wir mit der Intelligenz unseres Rückens bzw. unserer Haut lesen. Das übliche visuelle und in hohem Maße automatisierte, gewohnheitsmäßige Lesen wird so in eine archaische, leiblich-lebendige Form der Zeichenvermittlung verwandelt. In diesem Zusammenhang kann – insbesondere von Kindern als Schreibanfängern – die Gestalt der Buchstaben auf besondere Weise ausgeführt und erfahren werden: nämlich als großräumige Bewegungsgestalt, die später feinmotorisch verkleinert werden kann.

Gerade im Lese- und Schreibunterricht ist dieses Fingergedicht eine willkommene Abwechslung, macht es doch auf die Bewegungsgestaltung – auf die Einbeziehung der ganzen Person beim Zeichenausdruck und bei der Zeichenaufnahme – aufmerksam.

«Dramatisierung» der Geschichte vom Wasserkäfer

Der Text dieser Bewegungsübung kann auch «dramatisiert» bzw. erzählerisch erweitert werden, sodass die Phantasie und Intelligenz der Hände noch weiter gefördert wird:

> Der Wasserkäfer macht auch langsame und schnelle Kreise, und zickzack läuft er in alle Richtungen: mal ein großes Zickzack und mal ein kleines, kitzeliges Zickzack. Das Klatschen, die «Teichtrommelmusik» kann sich von der Stelle bewegen und auch in der Geschwindigkeit wechseln. Und dann kommen die Zahlen und Buchstaben, und die machen den ganzen Rücken richtig schlau und gelehrt: Auf dem Rücken ist so etwas wie eine richtige Lernkultur entstanden. Und gerade das reizt die Krabbenmonster, und sie machen die ganze schöne Kultur wieder kaputt. Aus den Buchstaben und Zahlen machen sie einen einzigen Wirrwarr. Als sie aber alles kaputtgemacht haben, bekommen sie ein schlechtes Gewissen, und sie verstecken sich in dunklen Höhlen. Dort in der Dunkelheit gehen sie in sich und werden geläutert. Dann kommen sie wieder hervor, um sich neu zu entdecken ... usw. usw.

Zauberhände hat die Sonne

Zauberhände hat die Sonne,
sinken sanft und leise nieder.
//: Streicheln langsam Tal und Hügel,
wecken alle Vogellieder. ://

Wer braucht eine wohltuende Rückenmassage? Mit diesem Lied lässt sich so etwas gut gestalten.

Hier ein Triller, dort ein Triller.
Einmal hier und einmal da.
Oben, unten, überall
trillert es von fern und nah.

Auch der Bäcker ist schon fleißig,
reibt die Hände warm, und dann
fängt er sanft und mild und langsam
seinen Teig zu kneten an.

Und den knetet er auch kräftig,
gut hinein und rauf und runter,
klopft den Teig mit flachen Händen –
früh schon ist der Bäcker munter.

Draußen fallen erste Tropfen,
Prasselregen, der macht Krach,
klopft an alle Fensterscheiben
und macht alle Kinder wach.

Zauberhände hat die Sonne,
sinken sanft und leise nieder.
Streicheln langsam Tal
und Hügel,
kommen immer, immer wieder.

Hokus pokus fidibus – der Zauberer hat Hexenschuss

Refrain: Hokus pokus fidibus,
der Zauberer hat Hexenschuss,
doch seine Frau, die Zauberin,
die kriegt das wieder hin.

1.
Sie legt die Hände auf sein' Kopf,
das tut dem Zaubrer gut.
Die Hände von der Zauberin
sind wie ein warmer Hut.
Refrain

Berührung macht Musik erst schön

2.
Sie legt die Hände auf die Ohr'n,
jetzt kann der Zaubrer lauschen.
Er hört in ihren Händen drin
ein Grummeln und ein Rauschen.
Refrain

3.
Sie streichelt ihm die Schultern
sanft,
da soll'n ihm Flügel wachsen.
Dann braucht er nicht mehr
so viel geh'n,
hat keine müden Haxen.
Refrain

4.
Sie drückt mit ihren Daumen
sacht
die Wirbelsäule runter,
ganz langsam bis zur Hüfte geht's,
das macht den Zaubrer munter.
Refrain

5.
Sie knetet ihm die Hüften durch,
von hinten bis zum Bauch.
Der Hexenschuss ist schon
fast weg,
jawohl, das soll er auch!
Refrain

6.
Sie streichelt ihm die Füße warm,
erst fest und dann ganz sacht –
der Hexenschuss ist weg, da steht
der Zaubrer auf und lacht.
Refrain

7.
Der Zaubrer und die Zauberin,
die reichen sich die Hände
und drehen sich im Kreis herum,
da fliegen alle Wände.

Hokus pokus fidibus – der Zauberer hat Hexenschuss

Wie das Lied von der Zauberin und dem Zauberer gespielt werden kann – Hände brauchen Taktgefühl

Dieses Lied wird von Kindern sehr gern auch selbständig gespielt, manchmal sogar auf dem Schulhof. Ich habe es – so wie die anderen Lieder auch – aber auch schon oft mit Erwachsenen ausprobiert. Es scheint hier genauso wichtig zu sein und Freude zu bringen und außerdem das «innere Kind» zu wecken, wie mir immer wieder berichtet wird. Zu Beginn des Liedes gebe ich folgende Einführung:

> Dieses Lied ist ein Partnerspiellied, das heißt, die Kinder müssen sich in Paaren zusammenfinden. Es ist die Geschichte von einem Zauberer mit Hexenschuss und seiner Frau, die Zauberhände hat. Sie streckt die Hände zum Himmel, wackelt mit den Fingerspitzen und holt sich Energie aus den Wolken. Dann rubbelt sie ihre Hände zwischen den Knien warm, und sie macht den Backentest: Sie hält die Hände an ihre Backen, um zu prüfen, ob die Hände wirklich warm sind, dann geht sie im langsamen Zaubergang um den Zauberer herum. Dabei setzt sie zuerst mit den Ballen auf und senkt dann die Ferse ab. Es ist also ein tänzerischer, heilsamer Gang (bzw. ein Indianerschleichgang).
>
> Wenn ihr das Lied spielen wollt, müssen die Kinder also zunächst klären, wer die Zauberin und wer den Zauberer spielt. Der Zauberer sitzt meistens, er kann allerdings auch liegen oder stehen, je nachdem, wie es ihm gefällt. Die Zauberin steht in der Regel und geht um den Zauberer herum.
>
> Bevor sie die Hände auf seinen Kopf legt, fragt sie den Zauberer, ob sie das tun darf. Sagt der Zauberer «ja», fängt sie an, seinen Kopf sanft zu berühren. Dann kommen die Ohren dran, die Hände bilden dabei zwei Muscheln, sodass der Zauberer ein Rauschen in den

Händen hören kann. Als Nächstes streichelt die Zauberin die Schultern des Zauberers und massiert sie, so gut sie das kann. Danach geht sie mit den Daumen die Wirbelsäule hinunter und hinauf. So wird die Wirbelsäule ganz sanft ertastet.

In der sechsten Strophe sind die Hüften bzw. die Taille dran. Bei dieser Strophe ist es wieder ratsam, dass die Zauberin fragt, ob sie den Zauberer an der Hüfte berühren kann. Oft geht jetzt bei den Kindern ein großes Gelächter los. Und zum guten Schluss kommen die Füße dran. Hier kann man durch die Schuhe massieren: zuerst den großen Zeh, dann den Zeigezeh, den Mittelzeh, den Ringzeh und den kleinen Zeh. Und schließlich auch die Ferse. Am Schluss bedankt sich der Zauberer, und sie tanzen beide im Kreis herum.

Für die Praxis dieses Liedes ist die gegenseitige Abstimmung sehr wichtig.

Die Zauberin muss fragen, wie ihre Berührung ankommt, ob die Berührung zu fest oder zu locker bzw. ob sie so angenehm ist. Gerade für die berührten Kinder ist es sehr wichtig, sich zu artikulieren, das heißt, die Berührung nicht von vorneherein nervös abzuwehren bzw. alles über sich ergehen zu lassen.

Eine Thematik, die sehr, sehr wichtig ist und eigentlich noch vieler Übungen bedarf. Gerade im Sinne einer FREUNDSCHAFTLICH AUSTAUSCHENDEN KONTAKTKULTUR, die aufgrund eher individualisierender Lernformen und formaler Leistungsorientierung in unserem Erziehungssystem weitgehend fehlt. Es ist eben mehr als «Ringelpiez mit Anfassen» und wichtig für ein menschliches Miteinander. Und es ist ein vielleicht unscheinbarer, aber doch lebendig und freudvoll praktikabler Beitrag zur Erziehung gegen Gewalt, der in unterschiedlichen Altersgruppen für Kinder und Erwachsene seine Bedeutung hat.

Was aber, wenn ein Kind nicht mag? Wenn es – vielleicht zunächst – nicht berührt werden möchte?
Falsch wäre es, das Kind zu überreden, doch mitzumachen, zumal es unterschiedliche Herangehensweisen gibt.

Schläge auf den Kopf können besonders demütigend sein, freundliche Berührung dagegen ist sehr innig. Die Hände können also auch *über* den Kopf gehalten werden. Auch so haben sie eine schützende Ausstrahlung.

Gegebenenfalls kann auch z. B. mit den Schultern begonnen werden, denn hier finden auch formale Berührungen statt (Schulterklopfen z. B.).

Der Zauberer kann aber auch zeigen, wie er gern berührt werden möchte. So eröffnet der «Behandelte» den Berührungsdialog und lässt sich dann vielleicht auch eher aufs Berührtwerden ein.

Kinder, die zunächst gar nicht wollen, können auch zusehen. Auch dies kann eine Form von Anteilnahme am Geschehen sein. Oft werden sie dann aber neugierig und wollen dann doch mitmachen.

Strophe 1
Erhobene Wackelhände, dann die Hände ruhig und gerade auf den Kopf des Zauberers sinken lassen.

Strophe 2
Die Hände spiralig nach unten sinken lassen.

Strophe 3
Die Hände in einer Wellenbewegung sinken lassen.

Strophe 4
Die Arme sind nach oben gestreckt, die Hände zur Faust geschlossen. Nur die Daumen, die Zauberwerkzeuge, zeigen nach oben. Nun die Arme so im Bogen zum Nacken des Zauberers führen.

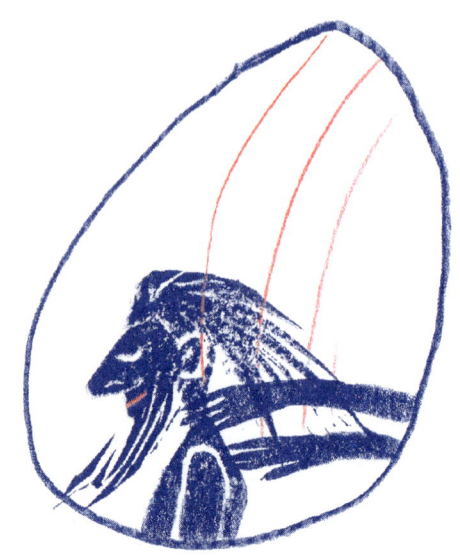

Strophe 5
Bei seitlich gestreckten Armen bilden Daumen und Zeigefinger hier jeweils eine Zange. So bewegen sich die Hände nun auf die Hüften zu. Statt etwa zu kneifen, berühren und massieren sie sie jetzt. Ganz wichtig: Der Zauberer sollte seine Empfindungen bzw. Wünsche äußern!

Strophe 6
Zuerst wieder die Arme nach oben strecken, dann die Hände langsam auf die Füße hinabsinken lassen.

Der Zaubergang der Zauberin

Die Zauberin geht so, dass ihr ganzer Körper heilsame Energie sammeln und zum Schwingen bringen kann. In dem magischen Kreis, den sie geht, wird diese Energie immer wieder aufgefrischt.

Beim Gehen sind auch die Gebärden der Füße wichtig. Meist achten wir wenig auf das, was unsere Füße gegenüber der Erde vollziehen. Wir gehen meist über die Ferse und rollen dann nach vorn ab. Das ist der «normale» Gang, und etwas anderes können wir uns zunächst gar nicht vorstellen. Doch immer, wenn wir dynamisch gehen – beim Schleichen, beim Rückwärtsgehen, beim Steigen, wenn wir tänzeln oder die Art des Bodens fühlen wollen –, wechseln wir vom Fersengang in den Ballengang über.

Der Ballen berührt zuerst den Boden. Der Fuß fühlt mit dem Ballen. Dann senkt sich die Ferse ab. Der Fuß stützt und liegt und ruht. Der Impuls zum Anheben kommt von der Ferse. Der Fuß sagt, ich will, hebt sich und schwebt frei wie ein Gedanke über dem Boden. Das Fesselgelenk ist locker, sodass der Ballen ganz natürlich wieder als Erstes aufsetzt.

Will ich mit der Ferse zuerst aufsetzen – was wir alle tun –, muss ich den vorderen Fuß anheben bzw. Muskeln betätigen. Ganz so natürlich ist der Fersengang also gar nicht.

Der Anthroposoph Rudolf Steiner hat auf diese fühlsamen Fußgebärden hingewiesen und in jüngerer Zeit der Arzt Peter Greb.[4] Der fühlsame Ballengang kann als Zeitlupenspaziergang, in der Gehmeditation bzw. hier spielerisch im Kreisgang der Zauberin geübt werden.

Für die heilsamen Wirkungen dieser Gangart führt Greb eine Reihe überzeugender Belege an. Es wird sichtbar, dass diese Übung in der Fußfühlsamkeit gut zum «handlichen» Sinn dieses Liedes passt. Eine Zauberin, die im Fersengang um den Zauberer «herummarschiert», kann wenig heilsame Energie entwickeln. Die Zauberin trampelt nicht auf «Mutter Erde». Sie berührt sie wohlwollend und einfühlsam, nicht allein mit ihren Gedanken und inneren Gefühlen, sondern mit ihren Füßen. Sie kennt die Geheimnisse ihrer Fußsohlen. Was dem Fuß gut tut, tut dem ganzen Menschen gut.

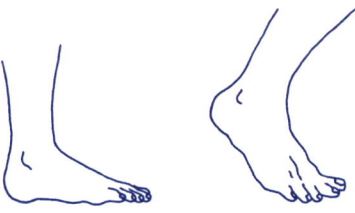

Abb. aus: Peter Greb, Godo, S. 35.

Deshalb widmet sie sich in einer Strophe auch den Füßen des Zauberers. Sogar den Zehen.

Dem kleinen Zeh
dem Ringzeh
dem Mittelzeh
dem Zeigezeh
und dem Daumenzeh.

Sie massiert seine Ballen und auch die Ferse. Der Zauberer bekommt also fast eine Fußreflexzonenmassage. Natürlich sind dafür Schuhe ein Hindernis. Aber selbst durch die Schuhe hindurch können die Füße wohltuend «behandelt» werden.

Bei ihrem eigenen Gehen geht die Zauberin auf sich und die Erde ein. So geht es ihr gut, und erst dadurch kann sie auch auf andere eingehen.

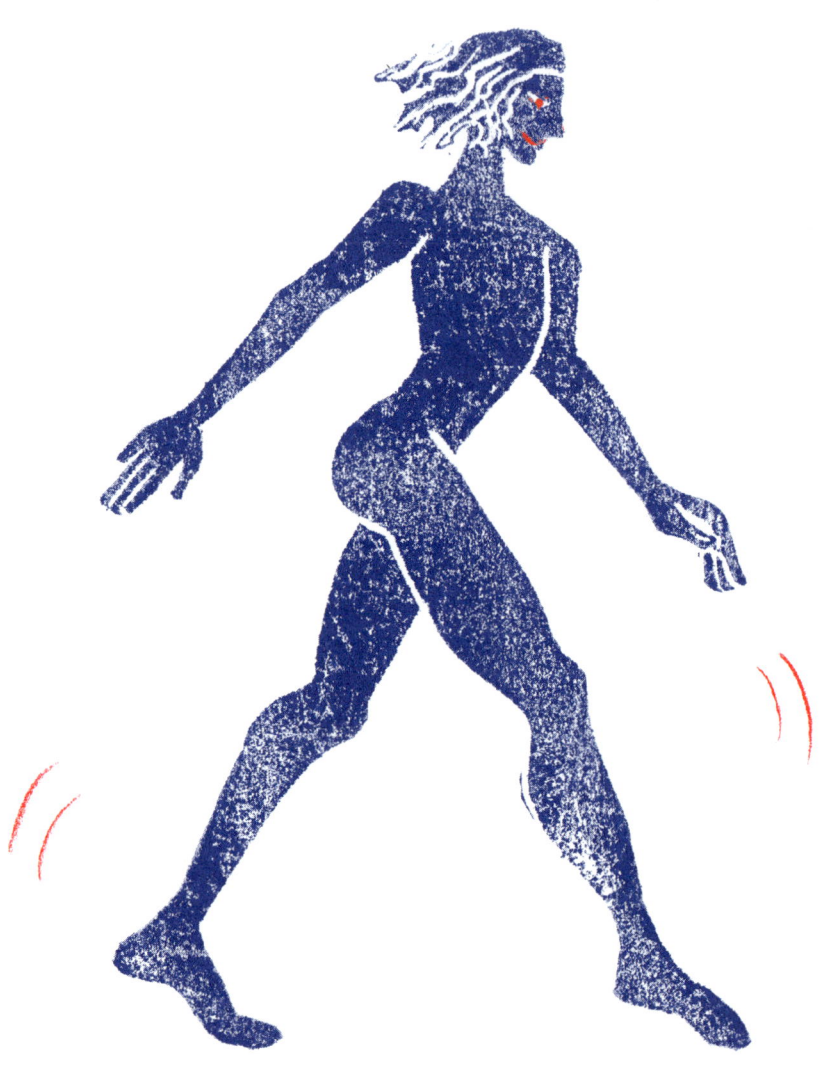

Fließendes Gehen

Okä awimba – Kraft- und Energielieder (nicht nur für Jungen)

Was Jungen gefällt oder Eine kleine Anmerkung zu den «schwierigen Jungen»

In der Familie und erst recht im Kindergarten haben es die Kinder vorzugsweise mit Frauen zu tun. Häufig fehlen Bewegungsangebote, Formen beweglichen Lernens, die die Jungen adäquat ansprechen. Ihnen fehlen weitgehend die gleichgeschlechtlichen Bewegungsvorbilder.

In meinen eigenen Bewegungsgruppen in Grundschulen machte ich die Erfahrung, dass ausschließlich Mädchen kamen. Das lag zum Teil an den Angeboten, die die Jungs einfach nicht reizen. Aus diesem Anlass entstand das «Lied vom kleinen König», in dem auch Kung-Fu und Kampfszenen vorkommen. Weitere Lieder dieser Art folgten. Einige, auch noch bisher unveröffentlichte, möchte ich hier vorstellen.

Diese Lieder können helfen, die oft so «schwierigen Jungen» anzusprechen. Gleichzeitig habe ich festgestellt, dass sie Fähigkeiten vermitteln, die auch für Mädchen wichtig sind.

Zunächst eine Übung, die sich am besten sitzend am Tisch machen lässt, ein kleiner Energie-Sprechgesang. Wer sich auf die Bewegungen einlässt, sie nachhaltig und bestimmt ausführt und den ganzen Oberkörper daran beteiligt, auf den wirkt die Übung wie eine Energiepumpe. Er sitzt besser und energischer da als vorher und ist sich seiner Kraft bewusst. Gerade für Mädchen und Frauen eine schöne Übung. Allein, zu zweit oder in Gruppen. Die Bewegungsfolge wurde nach Tilde Michels konzipiert, jedoch leicht abgeändert.[5]

Quertreiber

	O	X	O	X
A	Alles, was die Leut verdrießt,			
		O	●	●
	das treib ich; bumm bumm.			
		O	←	O →
B	Wo man mich zur Seite schiebt,			
		O	●	●
	da bleib ich; bumm bumm.			
		O	<	O >
C	Wo man mich heißt wegzugeh'n,			
	O	^		●●
	grad da bleib ich einfach steh'n.			

Bewegungsfolge (an einem Tisch sitzend)

A Zuerst mit den offenen Händen auf den Tisch klopfen (O).
Dann die Hände vor dem Oberkörper kreuzen (X) und wieder auf den Tisch klopfen (diese Figur 2-mal). Dann mit den übereinander gelegten Fäusten 2-mal auf den Tisch klopfen und dabei untere und obere Faust wechseln (●).

B Figur wie A, jedoch anstelle des Handkreuzes eine Bewegung des Wegschiebens zuerst mit der rechten Hand nach links (←), dann mit der linken Hand nach rechts (→). Faustbewegung wie gehabt.

C Figur wie B, jedoch anstelle des Wegschiebens eine Ellenbogenbewegung nach links und dann nach rechts (< >). Letzte Zeile: Bei «grad» noch auf den Tisch klopfen, bei «da» jedoch in die sich aufwärts bewegenden Hände klatschen (^) und die Hände sinken lassen und bei «steh'n» energisch auf den Tisch klopfen (●●). Achtung: Jetzt die Fäuste ruhen lassen und die Wirkung der ganzen Übung spüren. Wie fühle ich mich jetzt? Dieses Nachspüren ist ganz, ganz wichtig.

Energielied

Da fährt ein dickes Auto   Sprechgesang
von Aachen nach Berlin,
der Motor treibt die Räder an
und braucht dazu Benzin.
Brrm, Brrm …

Oje, der Rasenmäher,
der rattert hinterm Haus,
der frisst das Gras mit scharfem Zahn,
spuckt's hinten wieder aus.
Brrm, brrm …

Jetzt kommt der starke Traktor,
der fährt nach Quakenbrück,
bringt dreißig Zentner Rüben,
dann tuckert er zurück.
Brrm, brrm …

Igitt, da kommt die Mücke,
die sirrt durch Wald und Flur.
Sie fliegt mit Mückenenergie.
Wie macht die das denn nur?
Ssss, ssss …

Ich bin ein Mensch und gehe
und gehe Schritt für Schritt.
Die Kraft kommt aus mir selber –
wer Lust hat, der geht mit!

Trip, trap, trip, trap,
rauf und runter, auf und ab.
Trip, trap, trip, trap,
rauf und runter, auf und ab.

Wumm, wumm oder Schuster, Elefant und Katze

Wumm, wumm, im Keller hat's gekracht
Wumm, wumm, mitten in der Nacht
Wumm, wumm, im Keller ist es duster
Wumm, wumm, da wohnt ein armer Schuster
Wumm, wumm, er geht die Treppe rauf
Wumm, wumm, er macht die Türe auf
Wumm, wumm, da kam ein Elefant
Wumm, wumm, da ist er mitgerannt
Wumm, wumm, sie kamen vor ein Haus
Wumm, wumm, da guckt 'ne Katze raus
Wumm, wumm, die sagte: Ich geh mit
Wumm, wumm, dann machen wir Musik

Wumm, wumm, sie kamen ganz groß raus
Wumm, wumm, sie bauten sich ein Haus
Wumm, wumm, im Keller wohnt die Katz
Wumm, wumm, der Schuster hat viel Platz
Wumm, wumm, oben unterm Dach
Wumm, wumm, der Elefant macht Krach
Wumm, wumm, und poltert rund ums Haus
Wumm, wumm, denn drin hielt er's nicht aus
Wumm, wumm, am Abend war es still
Wumm, wumm, weil alles schlafen will

Bei «wumm, wumm» hüpfen die Kinder jeweils einmal in die Höhe oder stampfen jeweils abwechselnd mit dem Fuß auf. Danach sprechen sie die einzelnen Zeilen.

Akunde Akundéjo –
Tanzgeschichte und Bewegungskanon

«Akunde ou-ejo» wird durch eine Geschichte eingeleitet, die in Bewegung und Gesang übergeht:

> *Der große Tanzmeister Onkel Tanzfuß ist verschwunden. Keiner weiß, wo er ist. Die Menschen bräuchten ihn. Denn sie bewegen sich fast nur noch körperlich-mechanisch, wie Maschinen. Nur bei den Kindern und bei einigen Leuten von hinter den Bergen soll er sich ab und zu blicken lassen. Es wird gemunkelt, er wohne in einem alten Haus, tanze mit den Bäumen und dem Gras, aber nicht mehr mit den Menschen. Doch Onkel Tanzfuß wird gebraucht. Also machen wir uns auf. Wir gehen leichtfüßig und beschwingt, denn Marschieren mag der Tanz überhaupt nicht. Endlich haben wir sein Haus gefunden. Wo er wohl wohnt: im Keller, im Erdgeschoss oder im ersten Stock? Wir stampfen ihm was vor. Da rührt sich was im Keller. Aber er kommt noch nicht. Wir schwingen unsere Arme. Da rührt sich was im ersten Stock. Aber er kommt noch nicht. Wir gebrauchen unsere Stimme: «Hej-heja.» Da wackeln die Tür und das Fenster. Aber er kommt noch nicht. Wir lassen die Füße tanzen, die Arme schwingen und die Stimme klingen und singen erst leise, dann lauter:*

Akunde Akundéjo

//: Akunde-Akundäh://
Akunde Akundéjo

Da kommt Onkel Tanzfuß endlich. Er singt und bewegt sich. Jetzt kann es losgehen.

Teil A:
Akunde ou-äho uh! (3-mal)
Dschumbo mataka (4-mal)

(Rechts und links bewegt sich's,
in den Füßen regt sich's,
kribbelt in den Händen –
raus aus den vier Wänden!)

> Der Rhythmus wird mit den Füßen gestampft. Die Hände werden in mittlerer Höhe mit den Handflächen vorbewegt. Bei «uh!» werden sie zurückgezogen und nahe den Hüften zu Fäusten geballt. Diese Bewegungsfigur wird mit jeder Zeile wiederholt.

(Hände kreisen, Hände leben,
wenn sie leicht
nach oben schweben)

Teil B:
Aia hia hua heja hua hej hej hej (3-mal)

> Auf dem linken Fuß kreist der rechte Arm nach oben und umgekehrt.

(Links und rechts und rundherum,
links und rechts und
holter di polter di plum.)

Teil C:
Alacha makanda
Mana mana manamá (3-mal)

Die Hände mit den Handflächen nach oben in mittlerer Höhe neben den Körper halten. Mit der rechten und linken Hand im Halbkreis nacheinander nach innen klappen.
Die Hände wie eine kleine Mühle vor dem Bauch umeinander bewegen und am Schluss nach außen klappen.

Teil D:
Schau, wie ich stehe, … uh
Schau, was ich gehe, … uh
Schau, was ich mache, … uh
Schau, wie ich lache, … uh
Ho ho ho ho ho (2-mal)

Ha ha ha ha ha (2-mal)

Tschiiih!

Bewegung und Melodie wie Teil A

Mit den Händen auf den Bauch klopfen.
Mit den Händen auf die Brust klopfen.
Mit den Zeigefingern neben dem Kopf den lächelnden Mund verlängern.

Akunde Akundéjo

Zu A: Der Tanz holt seine Kraft zuerst aus der *Erde*. Er stampft im Rhythmus. Die Erde ist der Grund für den Tanz. Aus der Erde kommt die Energie. Die Hände stellen die Verbindung her, halten das Gleichgewicht.

Die Hände halten das Gleichgewicht, stellen die Verbindung nach oben her, konzentrieren die Energie in der Mitte des Körpers, machen eine Kung-Fu-Bewegung, sammeln die Energie im Bauch. Sammeln das *Feuer*.

Zu B: Die kreisend schwingenden Arme öffnen – durch die Energie von unten beflügelt – den Brustbereich, schwingen leicht und frei in die *Luft*, bewegen sich mit der Luft, stellen das Luftelement dar.

Zu C: Die Hände verbinden die beiden Energien, machen sie zur Quelle, machen sie zum fließenden *Wasser*, das zum offenen Meer fließt.

Zu D: Das Einvernehmen mit den Elementen schafft Heiterkeit und neue Energie, die aus dem Bauch kommt (Ho ho ho ho), in die Brust steigt (Ha ha ha ha) und schließlich auch im Gesicht *sicht*bar wird.

Diese Bewegungsübungen lassen sich in gesungener Form mit Kindern, aber auch mit Erwachsenen praktizieren.

> Sehr reizvoll ist es, wenn jeweils eine Gruppe das Motiv A, B oder C übernimmt und das Ganze dann zu einem *Bewegungskanon* wird. Die Gruppen können sich – jeweils ihr Motiv singend und tanzend – durch den Raum bewegen, auch aufeinander treffen und dann das Motiv der jeweils anderen Gruppe übernehmen.

Tiger, Oma, Samurai

Sprechgesang

Da kommt der Tiger,
der mächtige Tiger,
die stille Gefahr,
1, 2, 3, 4,
und schon isser da.
Grrr! (2-mal)

Wer zwingt den Tiger,
den mächtigen Tiger,
und ist so stark wie drei?
1, 2, 3, 4,
der Samurai.
Hau! (2-mal)

Wem gehorcht der Samurai
lebendig und im Koma?
Na, wem?
1, 2, 3, 4,
seiner Oma.
Du, du, du! (2-mal)

Da kommt er schon wieder,
der mächtige Tiger,
die Oma, die rennt,
1, 2, 3, 4,
denn der Samurai pennt.
Chrrr!

Der Samurai wacht auf,
haut dem Tiger eins drauf,
und die Oma, die schreit,
1, 2, 3, 4,
Mensch, das war höchste Zeit!
Du, du, du! (2-mal)

Tiger, Oma, Samurai
haben Kräfte alle drei.
Lebendige Grüße,
1, 2, 3, 4,
Hand und Herz und Kopf und Füße.
Grrr, hau, du, du, du. (2-mal)

Die Oma, die tanzt,
und der Samurai lacht,
und der Tiger schlägt den Takt,
1, 2, 3, 4,
mit dem Schwanz, dass es kracht.

Cha, cha, cha,
ja, genau,
du, du, du
und grr
und hau! (2-mal)

Tiger: Die Hände schnellen wie Tatzen eines Tigers nach vorne. Dazu wird der Tigerlaut «Grrr» ausgestoßen.

Samurai: Ausfallschritt mit rechts nach vorn. Gleichzeitig hebt sich der angewinkelte rechte Arm, mit dem Ellenbogen in Brusthöhe, der Unterarm schwingt nach oben, und es wird laut und kräftig «Hau!» gerufen.

Oma: «Du, du, du» – Warngeste mit dem Zeigefinger.

Dieses Lied kann wie «Stein, Schere, Papier» gespielt werden. Als Regel gilt:
Der Samurai ist stärker als der Tiger.
Die Oma ist stärker als der Samurai.
Die Oma ist schwächer als der Tiger.
Es werden zwei Gruppen gebildet. Jede Gruppe einigt sich auf eine Figur bzw. Gebärde. Trifft die Oma auf den Samurai, hat die betreffende Gruppe gewonnen, trifft sie auf den Tiger, hat die Oma-Gruppe verloren usw.

Der Drache Fu (Es war einmal ein Drache)

Sprechgesang

Es war einmal ein Drache,
fuh!
mit einem roten Rachen,
fuh!
Sein Atem war aus Feuer,
fuh!
er war ein Ungeheuer,
fuh!
Da kam ein stolzer Ritter,
fuh!
der poltert' wie Gewitter,
fuh!
Er sucht' ihn sieben Stunden
fuh!
und hat ihn nicht gefunden,
fuh!
Der Drache, der war schlauer,
fuh!
da war der Ritter sauer,
fuh!
Der Drache ist geblieben,
fuh!
hat Kinder, Stücker sieben,
fuh!

So kleine Ungeheuer,
fuh!
ihr Atem war aus Feuer,
fuh!
Und deshalb ist im ganzen Land
fuh!
die Hühnersuppe angebrannt,
fuh, fuh, fuh!

Der Drache Fu

Anmerkungen zum Lied vom Drachen

Mit diesem Sprechgesang lassen sich besondere Fähigkeiten aktivieren: sich auf die eigene Kraft besinnen, Kraft und Energie nach außen zeigen, ohne andere zu verletzen. Verfeinerung der Handmotorik, Öffnen der Faust; Einfühlung in eine Ausdrucksgebärde. Atemaktivierung durch das Refrainritual.

Wenn man seine Kraft und seine Stärke zeigen will, kann man die Fäuste ballen und sich dabei so stark wie ein Feuerdrache fühlen, aber man braucht nicht gleich auf jemand anderen loszugehen.

> In unseren Händen stecken nämlich Feuerkräfte, und das können wir bei diesem Lied zeigen. Mit dem Feueratem des Drachen Fu öffnet man beide Fäuste und ruft so laut und kräftig wie möglich: Fuh! Dabei unterstützt die Stimme die Bewegung und umgekehrt.

Gerade für emotional gehemmte und behinderte Kinder kann dieses Lied besonders wichtig sein. Man kann Aggressionen zeigen bzw. eine Form dafür finden, ohne destruktiv zu werden. Die Handbewegung ist nicht schwierig. Wird sie ausdrucksvoll ausgeführt, wird auch der Mundbereich bzw. die Artikulationsmotorik angeregt, Blockaden und Hemmungen zu überwinden und eigene Energie zu entfalten. Solche Körperimpulse fehlen den Kindern häufig beim Gebrauch der Stimme und beim Singen, sodass dieses dann nur im Kopfbereich stattfindet. Gerade Kindern macht es Spaß, auch beim Singen mit dem ganzen Körper, zumindest mit Händen und Füßen, mitzugehen. Wird das Singen zu sehr «kopfmäßig» betrieben, wird es zu einer körperlich steifen Angelegenheit, die in unserer Kultur und unserem Erziehungssystem leider meist die Regel ist. Die genannte förderliche Wirkung bleibt aus. Hier können wir z. B. von den Afrikanern und ihrer Art, Musik zu machen, noch einiges lernen.

Zur Figur des Drachen:
Der Drache hat Kraft, und er zeigt sein Feuer, das aus der eigenen Tiefe bzw. aus seinem Bauch kommt. Er kann sich schlängeln wie eine Schlange und ist erdverbunden, lebt in Höhlen. Er ist auch eine Figur, die das Feuer verkörpert, das tief aus der Erde kommt. Er kennt sich auf und in der Erde gut aus, deshalb kann er sich so verstecken, dass ihn der stolze Ritter nicht findet. Der Drache ist gesellig, hat Kinder, deren Feueratem die «Hühnersuppe» anbrennen lässt. Das macht ihnen nichts aus. Sie können auch ihre Ernährungsgewohnheit verändern, etwas essen, was ihnen gut tut. Deshalb singe ich am Schluss häufig als letzte zusätzliche Strophe:

Da waren alle froh,
fuh!
und aßen alle To-
fu!

Klabasta, klabasta – ein Tisch-Trommellied

Sprechgesang

```
  \ /  °   / \  °
```
Klabasta, klabasta,
```
   \  /  °   /  \    °
```
ich frage mich, was da
```
   \ /  °    / \   °
```
Klabasta, klabasta
```
  \    /   °   / \    °
```
den Berg hinaufkommt,
Klabasta, klabasta
ganz plötzlich und prompt.
Klabasta, klabasta
ach, bitte, bleib steh'n!
Klabasta, klabasta
brauchst nicht weitergeh'n.
Klabasta, klabasta
es hört nicht auf mich,
Klabasta, klabasta
es denkt nur an sich.
Klabasta, klabasta
's wird klein wie ein Fleck,
Klabasta, klabasta
und jetzt ist es weg.

128 Okä awimba – Kraft- und Energielieder

/ = Schlag mit der linken Hand
\ = Schlag mit der rechten Hand
° = Schlag in die darüber gehaltene Hand

Zu diesem Text wird mit beiden offenen Händen ein Rhythmus auf den Tisch getrommelt. Die Rechte schlägt zuerst auf, dann die Linke; wenn diese sich nach dem Aufschlag hochbewegt, klatscht sie mit dem Handrücken in den Handteller der inzwischen darüber gehaltenen rechten Hand und schlägt wieder auf den Tisch. Darauf achten, dass die untere Hand in die obere schlägt – sie leicht anhebt – und nicht umgekehrt. Die rechte Hand wandert nun nach rechts, schlägt auf und trifft bei ihrer Aufwärtsbewegung in die darüber gehaltene linke Hand, schlägt wieder auf usw., wechselnd mit beiden Händen. Beim letzten Wort schlagen beide Hände zugleich auf den Tisch.

Händeschieben auf einem Bein

Eine Geschicklichkeits- und Konzentrationsübung für zwei

Zwei Kinder balancieren einander zugewandt auf einem Bein. Sie legen die Handflächen aneinander. Wenn ein Kind mit den Händen vorsichtig drückt, leitet das andere das Drücken ab. Dann drückt es selber. Es kann ein- oder beidhändig gedrückt werden. Dabei entstehen Bewegungen wie beim Tanzen.

Bei dieser Übung soll auch mal das Standbein gewechselt werden, und es sollte möglichst lange auf einem Bein balanciert werden, ohne festzuhalten. Wer zuerst das Gleichgewicht verliert, gibt damit auch das Signal zum Ausruhen, und das tut beiden gut.

Der kleine König

Refrain 1:
Das ist der kleine König,
der freut sich gar nicht wenig,
wenn er aus seinen Träumen schwebt
und ausprobiert, was alles geht.

Er schüttelt sich wie 'n nasser Hund
und rüttelt sich ganz schnell.
Er schüttelt seine Sorgen ab,
wie Tropfen aus dem Fell.
Refrain

Und dann fängt er zu brabbeln an,
ein Kauderwelsch, was er nur kann.
Er brabbelt kreuz und quer und gern,
als wär er von 'nem andern Stern.
Refrain

Horch, horch, ist das die Geisterbahn?
Die bösen Geister rücken an!
Zack, peng, den Ellenbogen hin,
das trifft die Geister unterm Kinn.
Uäh, uäh, uäh, uäh,
uäh, uäh, uäh, uäh!
Refrain

Von vorne geh'n sie auf ihn zu,
der kleine König wird Kung Fu.
Nach links und pau, nach rechts und pau,
trifft er die Geister ganz genau.
Refrain

Die Wut fährt in die Beine rein,
er kämpft und wehrt sich ganz allein.
Nach rechts ein Tritt, nach links ein Tritt,
die bösen Geister kriegen was mit.
Tssa! (8-mal)
Refrain

Die Geister sind auf und davon,
der kleine König wird King Kong.
Auf seine stolze Siegerbrust,
da trommelt er sich voller Lust.
Uaaah!
Refrain

Refrain 2:
Das ist der kleine König,
der freut sich gar nicht wenig,
und wenn er nicht mehr weiterkann,
fängt er nochmal von vorne an.

Dann dreht er sich im Kreise um,
wird immer schneller, fällt nicht um,
schnell wie der Wind, der weht,
der den Propeller dreht.
Refrain

Der kleine König – Übungsfolge
Schüttel-, Brabbel- und sonstige Effekte

Ich habe auch dieses Lied ursprünglich geschrieben, um Jungen in eine Spiel- und Bewegungsgruppe zu locken, zu der bis dahin nur Mädchen erschienen waren. In diesem Lied werden nämlich auf spielerische Weise Bewegungsfiguren aus fernöstlichen Kampfkünsten praktiziert. Später habe ich dann gemerkt, dass dieses Lied auch für Mädchen sehr wichtig ist, denn es geht u. a. auch darum, seinen eigenen Standpunkt zu behaupten, das heißt, einen festen Stand zu bekommen, Angriffe abzuwehren und mit aggressiven Energien umzugehen.

Das Lied beginnt mit dem Refrain und einer Einleitungsfigur (auch als Aufmerksamkeitsritual zu verstehen), die vor jeder Strophe wiederholt werden.

Er schüttelt sich wie 'n nasser Hund	sich schütteln
und rüttelt sich ganz schnell.	

Zunächst fängt er an, sich zu schütteln. Das Schütteln ist etwas, womit ich Verspannungen durch- und abschütteln kann, und oft zeigt sich, dass durch das körperliche Durchschütteln auch eine psychische Wirkung erzielt wird: Bis zu einem gewissen Grad kann ich mich so von dem, was mich bedrückt, freischütteln.

In einem Schüttelvers bzw. in anagrammatischen Wortspielen sind es die Buchstaben, hier sind es die Körper und Gliedmaßen, die durcheinander geschüttelt werden. Es entsteht so etwas wie ein körperliches Chaos, in dem sich Verspannungen lösen können und aus dem das Kind dann entspannt aufatmen kann.

Und dann fängt er zu brabbeln an,	brabbeln
ein Kauderwelsch, was er nur kann.	

Er fängt an zu brabbeln, das heißt, er schüttelt seine Sprache durch, er regrediert in einen vorsprachlichen Zustand, wobei dies nicht zwangsläufig eine Regression sein muss, sondern auch in den transsprachlichen, meditativ-religiösen Bereich überleiten kann. Erinnert sei in diesem Zusammenhang an die Glossolalie des Pfingstfestes in der Bibel (die Jünger redeten in Zungen, die niemand verstand) und an die Lehre des islamischen Sufi-Mystikers Gibbar, dessen Weg darin bestand, dass er brabbelte und allen seinen Anhängern empfahl, dasselbe zu tun, mit dem Hinweis, nur wenn man sich aus den Konventionen der Sprache und den durch sie geschaffenen Konventionen entfernen würde, könne man sich Gott nähern.

Auch für uns Erwachsene ist also ein Sicheinlassen auf ein scheinbar nur regressives Kinderbrabbeln durchaus von Bedeutung. Jedes Kind hat sein eigenes Brabbeln, es werden darin unvermutete Laute und Sprache aufklingen.

Zack, peng, den Ellenbogen hin,   mit dem Ellen-
das trifft die Geister unterm Kinn.   bogen kämpfen

> In der nächsten Strophe tauchen böse Geister auf, gegen die sich der kleine König auf unterschiedliche Weise zur Wehr setzt. Zunächst einmal versucht er, ihnen mit seinen Ellenbogen Kinnhaken zu versetzen. Dabei kommt es darauf an, dass das Kind sein Gleichgewicht behält und auch in die Richtung schaut, in der sich der Ellenbogen bewegt. Es sollte sich also nicht blindlings wehren, sondern sich seines Standpunktes und seiner Beweglichkeit bewusst werden.

… der kleine König wird Kung Fu.   boxen
Nach links und pau, nach rechts und pau …

In der darauf folgenden Strophe kommen die Geister von vorne, der kleine König wird zu Kung Fu. Hier geht es darum, dass das Kind spielerisch lernt, aus einer bestimmten Körperprogrammierung herauszukommen; das bedeutet, mit links auch etwas zu tun, was es sonst nur mit rechts tut, und umgekehrt. Der kleine König schützt sich zunächst mit dem linken Arm, schlägt mit dem rechten Arm zu, und er schützt sich dann mit dem rechten Arm, schlägt mit dem linken Arm zu. Er muss sehen, dass er mit seiner Energie nicht verschwenderisch umgeht, das heißt, die Faust sollte nur in dem Moment, wo zugeschlagen wird, angespannt und hart werden, um sich dann wieder zu entspannen. Boxen kann also ein spielerisch-rituelles Moment enthalten, und das wird durch den Wechsel von links nach rechts und umgekehrt und durch die damit verbundenen psychischen Wirkungen erzielt. Die Standfestigkeit und die Energie, mit der der Faustschlag ausgeführt werden kann, kann durch das Becken, das beim Schlag nach vorne geht, verstärkt werden. Wird das Becken zurückgezogen, verliert man leicht das Gleichgewicht.

Die Wut fährt in die Beine rein ...   treten
Nach rechts ein Tritt, nach links ein Tritt ...

Nun geht die kämpferische Energie in die Beine, der kleine König fängt an, um sich zu treten. Das Zutreten kann eine menschenverachtende und brutale Form des Angriffs darstellen, aber auch eine solche aggressive Handlung lässt sich im Ritual transformieren. Das heißt, der kleine König tritt, um seine eigene Beweglichkeit zu zeigen. Er muss sein Gleichgewicht bewahren, und je beweglicher er ist, desto eher wird es ihm gelingen, sich durch die Tritte in alle Richtungen zu schützen. Das Treten sollte dabei so leicht sein, als wollte er einen Turnschuh abschütteln. Nachdem der kleine König mit dem Bein zugestoßen hat, sollte es noch ein wenig gebogen sein, er ist gleich wieder bereit zuzutreten. Wenn er nur austreten würde, hätte er seine Energie vergeudet, aber wenn er sie aussendet und dann zurückholt, benutzt er sie und verliert sie nicht.

Auf seine stolze Siegerbrust,   auf die Brust
da trommelt er sich voller Lust.   trommeln

> So gelingt es ihm endlich, die bösen Geister in die Flucht zu schlagen, und der kleine König trommelt sich in Gorilla-Manier auf die Brust und stößt einen Siegesschrei aus. Er freut sich also zunächst tierisch, erdverbunden.

Wenn ich Kinder frage, welche Art von Affen sie gerne spielen würden, steht der Gorilla häufig an erster Stelle. Er repräsentiert urwüchsige, erdverbundene Kraft, und genau die sollte der kleine König in diesem Moment spüren. Aus dieser Kraft heraus kann er dann auch leicht und beschwingt sein, was in der letzten Strophe ausagiert wird.

Dann dreht er sich im Kreise um,
wird immer schneller, fällt nicht um ...

> Der kleine König breitet die Arme aus und dreht sich im Kreis. Er sollte dies langsam beginnen und erst allmählich schneller werden. Dadurch kommt er in einen ganz besonderen Zustand, den Kinder lieben. Alles fliegt plötzlich um einen herum, und die Welt dreht sich wie im Freudentaumel – bis der kleine König ins Gras fällt.

Okä awimba

Refrain: Okä awimba ohe ohejoh
Okä awimba ohe ohejoh
//: Ohe ohejoh ohe ohejoh
okä awimba ohe ohejoh://

War einmal ein kleiner Mann,
juppheidi, aus Rataplam,
wollt' auf dieser Welt gut steh'n
und holt' Luft tief aus den Zeh'n.
Hhhhh …!
Refrain

War mal eine kleine Frau,
die war süßer als Kakao,
warf die Schuhe weg im Nu,
und sie klatscht' und sang dazu.
Refrain

War einmal ein Elefant,
wiegte sich sehr elegant
und lief langsam durch das Land,
denn er hat das Lied gekannt.
Refrain

Manchmal ist das Lied ganz leis,
und wir summen es im Kreis.
Alle Worte sind stibitzt.
Hör nur, wie der Finger schnipst.
Refrain summen

Heute ist Geburtstagsfest,
wo sich jemand feiern lässt.
Was ist das, ich spitz mein Ohr,
denn schon singt der ganze Chor:
Refrain

Okä awimba gemeinsam tanzen – fast bis nach Afrika

Hier können Musik und Rhythmus am ganzen Leibe erfahren werden. Und der Text selber gibt dazu eine Reihe von Hinweisen (z. B. «bis in die Zehen» hinein einatmen, klatschen, mit den Fingern schnipsen u. a.). Der Vorsänger bzw. die singende Gruppe übernehmen die Strophen, und dann können alle gemeinsam den Kehrreim singen und sich dazu bewegen.

Bewegungsvorschlag [6]

A

/ /
Okä awimba ohe ohejoh
/ /
Okä awimba ohe ohejoh

Auf die betonten Silben
jeweils einen Ausfallschritt
nach links, dann in den Stand
zurück und nach rechts
und in den Stand zurück.

Während man sich nach links bzw. rechts wendet, schwingen parallel dazu die Arme – in den Ellenbogen gewinkelt – nach oben, und zwar gleichzeitig. Die Hände bleiben locker und zeigen ebenfalls nach oben. Gehe ich vom Ausfallschritt in den Stand, schwingen die Arme ebenfalls nach unten. Die Bewegung der parallelen Unterarme kann jeweils zur Seite, aber auch mehr nach oben gerichtet sein.

B

I Ohe ohejoh

> Die Arme werden nach oben gestreckt. Die Hände wackeln.

II ohe ohejoh

> Jetzt wird in Hüfthöhe mit den Händen gewackelt. Wir gehen dabei leicht in die Knie.

C

Während der letzten Zeile des Refrains werden die Bewegungen der Anfangszeile wiederholt.

In den folgenden Strophen können die Teile A und B vom Refrain durch die im Text angegebenen Aktivitäten bzw. Bewegungsarten ersetzt werden.

Strophe 2: Klatschen.
Strophe 3: Sich wiegen wie ein Elefant.
Strophe 4: Summen und mit den Fingern schnipsen.
Strophe 5: Bewegungen wie im Refrain zu Strophe 1.

Zauberhände – Bewegung und Stille

«Ruhe!» – vom Übergang in die Stille

Die Worte «Ruhe!» und «Sei endlich still!» haben Kinder schon sehr oft gehört, und manchmal waren diese Worte auch sehr, sehr laut. Sie sind das Gegenteil von dem, was sie bezwecken sollen. Es ist ein Unding, Kindern Ruhe und Stille zu befehlen. Meist erreicht man das Gegenteil. Für viele Erwachsene ist es schwer vorstellbar, dass Kinder von sich aus Freude an Stille, Ruhe und Besinnung finden können. Und wir Erwachsenen leben den Kindern ja vor, was es heißt, ständig aktiv zu sein, immer etwas zu tun zu haben, und die Zuwendung zu Kindern besteht dann häufig in der Anregung zu vielen, vielen Aktivitäten. Und nebenbei werden die Kinder oft von schnell aufeinander folgenden Bildern, von Musik, von Information, von Werbung berieselt. Kein Wunder, wenn dann Hyperaktivität die daraus hervorgehende Form von Lebendigkeit wird.

Doch es gibt auch Momente, in denen Kinder – manchmal ganz unvermutet – still und andächtig werden.

Und wir Erwachsenen wissen manchmal mit dieser Andächtigkeit gar nichts Rechtes anzufangen, denn selbst die Gottesdienste in unserer christlichen Tradition werden ja mit gesprochenen und gesungenen Worten gefüllt. Die christliche Mystik und der Buddhismus jedoch kennen eine Kultur der Stille. Wer meditiert, hat seine Erfahrung mit dieser Kultur gemacht. Doch solche Erfahrungen können wir nicht unmittelbar auf die Kinder übertragen.

Die große Pädagogin Maria Montessori gibt zu diesem Problem wichtige Hinweise. Sie erzählt, wie sie einmal ein wenige Monate altes Wickelkind durch eine Kindergartenschar trug und dabei sagte: So wie dieses Kind könnt ihr eure Füße nicht zusammenhalten!

Und sie war sehr verwundert, dass die Kinder auf ihren «Vorschlag» eingingen und dabei ganz ruhig und andächtig wurden. Und dann sagte sie zu den Kindern: Könnt ihr auch so leise atmen wie dieses Kind? Und wieder verbreitete sich eine andächtige Stille. Eine Stille, die die Kinder mochten und später wieder einforderten.[7] Es war eine natürliche Stilleübung für diese Kinder. Und sie wurde durch eine bestimmte Situation und durch bestimmte Aufforderungen vorbereitet. Und sicher wurde sie auch durch andächtigen Gang und ruhige Gebärden und entsprechenden Gesichtsausdruck gefördert.

Es muss also eine Situation da sein, die die Kinder aufmerksam macht, sodass sie dann nach und nach zur Ruhe kommen können. Und es muss die Möglichkeit da sein, sich bequem hinzusetzen, ohne dass etwas angespannt ist oder quetscht. Jetzt kann das benannt werden, was ruhig sein soll, z. B. einzelne Personen oder Gruppen im Raum und natürlich auch Hände, Füße und Mund bei jedem Einzelnen. Der *Übergang* in die Stille ist ein Stück Arbeit, und so etwas kann gelernt werden. Auch wenn es nicht gleich klappt.

Langsame Gebärden, Bewegungen samt entsprechenden Worten und Melodien können ebenfalls ein guter Übergang zu Stille und Aufmerksamkeit sein, und sei es nur eine einfache Fingerübung …

Die friedliche Faust [8]

Stille, stille und ganz leise
zieht der Daumen seine Kreise.
Große Kreise, kleine Kreise,
stille, stille und ganz leise.
    Dann schmiegt er sich in meine Hand,
    als schliefe er im warmen Sand.
Der Zeigefinger beugt sich nun,
denn er will auf dem Daumen ruh'n.
Der Mittelfinger tut das auch
und legt sich auf den Daumen drauf.
Der Ringfinger wird auch gebückt,
dass er sanft auf den Daumen drückt.
Der kleine Finger kommt dazu.
Jetzt hat der Daumen seine Ruh.
    Und was du dir da jetzt beschaust,
    ist eine friedlich-stille Faust.
Der Zeigefinger reckt sich auf
und zeigt zum Himmel hoch hinauf.
Der Mittelfinger folgt ihm still,
weil er nicht mehr gebückt sein will.
Der Ringfinger, der räkelt sich,
na ja, er ist nicht ganz für sich.
Der kleine Finger ruft: Juchhei!
Kiek an, schon bin ich mit dabei.
Das macht nun auch den Daumen wach.
Er macht's den andern Fingern nach.
    Und alle fünf sind wieder grade
    zu der Fünf-Finger-Starparade.

> Eine Fünf-Finger-Geschichte, die die Aufmerksamkeit nicht nur auf die Beweglichkeit der fünf Finger lenkt, sondern auch ruhig und besinnlich macht.

Die Indianerübung

Die Übung beginnt mit Fragen und Hinweisen sowie den darauf folgenden Aktivitäten der Kinder.

> Wisst ihr alle, wie die Indianer rufen?
> ...
> Manchmal tun sie das besonders laut!
> ...
> Und manchmal auch ganz leise ...
> ...
> Manchmal hören sie eine Büffelherde ...
> die dann in der Ferne verschwindet ...
>
> Und manchmal sind die Indianer ganz still. Dann setzen sie sich an einen Bach und hören zu, was das Wasser sagt. Oder sie setzen sich auf einen Berg und hören zu, was der Wind sagt.
> Und manchmal hören sie auch ganz einfach in die Stille hinein. Sie achten auf ihren eigenen Atem und hören die Stille. Sie sagen: Jeder Ort auf dieser Erde hat seine eigene Stille. Also auch der Ort, an dem wir uns gerade befinden. Und jetzt hören wir mal in diese Stille hinein.
> Eine Minute lang. (Gegebenenfalls auch länger.)
> Und dazu bin ich still.
> Und die Jungen sind still.
> Und die Mädchen sind still.
> Die Mütter,
> die Väter usw.
> Das war die Stille in ... – Hier wird der betreffende Ort genannt. – Der oder die Anleitende muss dabei möglichst Ruhe ausstrahlen und nicht gleich bei der ersten Lautäußerung von den Kindern die Übung abbrechen.

Kinder lassen sich dabei manchmal weniger stören als Erwachsene, und ich wundere mich oft selber, für wie viele Kinder die Stille ein gutes Erlebnis ist, auch wenn es in der «Stille» manchmal etwas unruhig und geräuschvoll zugeht, gerade weil Kinder oft mit dem «Still-Sitzen» in der Schule nicht gerade gute Erfahrungen gemacht haben.

Vom Schweigen der Indianer

Indianer sind Menschen,
die sagen ihren Kindern nicht:
Jetzt seid mal endlich ruhig.
Oder: Halt den Mund,
du bist noch ein Kind!
(Dabei ist der Mund doch angewachsen,
wie soll man ihn dann halten?)
Sie machen ihren Kindern
Freude an der Stille.
Sie setzen sich hin und hören zu,
wenn nichts laut wird …
Sie sehen, wo es nichts zu sehen gibt,
und hören, wo es nichts zu hören gibt.
Vieles hören sie dann wie neu …
Wie in einem Traum
hören sie die Worte des Wassers,
die Gespräche der Fische
und das Wachsen des Grases.
Und sie hören in der Stille,
wie alles miteinander verbunden ist:
der Mensch und die Erde …
das Sandkorn und der Stern …
der Wind und das Gras …
der Himmel und der Mensch.

Die Indianerübung **147**

Von unseren Händen zum Tai-Chi und Qigong[9]

Mit seinen Händen, seinen «*Hand*lungen» hat der Mensch gelernt, diese Welt zu gestalten und zu verändern. Seine Hände entstanden aber auch, weil sie von der Welt bewegt wurden. Sie waren bewegliche Resonanz auf die Eigenschaften von Dingen. Der Mensch hat gelernt, sich mit seinen Händen zu begreifen (im doppelten Sinn) und auszudrücken. Seine Hände sind sein «äußeres Gehirn» und eine Ausdrucksmöglichkeit seines Herzens, seiner Herzensangelegenheiten. Die Verfeinerung der Handmotorik war der Impuls für die Entwicklung der Artikulationsmotorik und der Sprache. Die Geschichte der Beweglichkeit der Hände ist das handliche Symbol der Menschengeschichte überhaupt. Wenn wir uns der Beweglichkeit unserer Hände bewusst werden und förderlich mit ihr umgehen, fördern wir unsere ganze Persönlichkeit. Unsere Hände sind «Zauberhände», sie können bewirken, verwandeln, heilen. Auch und gerade im so genannten Alltag. Damit wir uns dieser Dinge bewusst werden, ist es jedoch gut, Übungen zu haben, die sich ohne großen Aufwand praktizieren lassen. Übungsformen, die uns gerade auch gemeinschaftlich zur Besinnung, zur Meditation bringen. In unserem Beispiel durch Bewegung.

Meditation in Bewegung gibt es in unterschiedlichen religiösen und kulturellen Kontexten. Es gibt die meditativen Tänze der europäisch-mittelalterlichen Tradition und ihre heutige Wiederbelebung und Fortführung, es gibt die Übungen der Pilger und die Gehmeditation, es gibt die Tänze der Sufis und die fernöstlichen Tai-Chi- und Qigong-Übungen.

Wie das Tai-Chi entstanden ist, darüber werden verschiedene Geschichten und Legenden erzählt. Eine davon ist diese:

Vor langer Zeit war ein Mann aus seinem Dorf weggegangen und mitten in die Natur hinein. Er kam zu einem Ort in der Nähe eines Berges, der ihn zum Verweilen einlud. Er beobachtete den Flug der Vögel und ihre Bewegungen und Tänze zur Paarungszeit. Er beobachtete den Adler, der mit einer Schlange kämpfte. Er beobachtete die Wolken, die über den Himmel zogen und ihre Form veränderten, und er beobachtete die Bewegung von Gras im Wind und die geschwungene Gestalt der hohen Bäume. Er nahm sich Zeit dazu und öffnete sich ganz. Nach und nach war er von all den Bewegungen rund um ihn und über ihm so beseelt, dass er anfing zu tanzen. Mit seinen menschlichen Bewegungsmöglichkeiten machte er das, was er erlebt hatte, erneut lebendig. Er war eins mit Himmel, Erde, Feuer und Wasser geworden. Er hatte sich in seinem beweglichen Tanz mit der Essenz der Bewegung von Tieren und Pflanzen verbunden. Das beglückte ihn, und sein ganzes Wesen wandelte sich. Und weil er ein Mensch war, verband er seine Bewegungen mit Sprache, nannte sie «Wolkenhände» oder «Der weiße Kranich zeigt seine Flügel». Für jede dieser Übungen fand er einen besonderen Namen. Als er wieder zu den Menschen ging, wurden einige neugierig und probierten seine Bewegungen selber aus. Und so kam durch ihn und andere, die Ähnliches taten, etwas in die Welt, das später Tai-Chi genannt wurde.

In meinem letzten Beispiel möchte ich zeigen, wie eine uns zunächst fremde Bewegungsform bzw. Bewegungsmeditation wie das Tai-Chi auch für unsere Bewegungsbedürfnisse und Gefühlswelt zugänglich gemacht werden kann. Und zwar so, dass Kinder und Erwachsene gleichermaßen einsteigen können.

Bewegungsgedicht: Zauberhände

Zauberhände steigen hoch,
wie von selbst getragen,
schweben zu mir, sinken sacht,
woll'n mir etwas sagen:

Zauberhände haben Zeit,
brauchen niemals hetzen,
sinken sacht, als wollten sie
sich in Frieden setzen.

Und die rechte Hand, die kreist
leicht und rund empor,
schau ich weit aufs Meer hinaus
durch ein großes Tor.

Und die linke Hand, die kreist,
öffnet mir die Ferne,
bis Timbuktu und Hawaii,
denn da wär ich gerne.

Zauberhände, die sind warm,
wenn sie mich berühren,
kann ich ihre gute Kraft
an mir selber spüren.

Zauberhände, ei der Daus,
ballen sich auch mal zur Faust,
zeigen Wut und Ärger, dann
schau ich Wut und Ärger an.

Zauberhände, die sind klug,
schlagen nicht gleich zu.
Langsam öffnet sich die Faust,
und ich lächle nun …

… in die Zauberhände rein,
wenn sie niederschweben,
können auch ganz fröhlich sein,
sich im Raum bewegen.

Zauberhände hast du auch,
wenn wir uns berühren,
können wir die gute Kraft
in uns selber spüren.

Übungsfolge zu den Zauberhänden

Die «Zauberhände» beginnen mit einer Vorübung im Dehnen und Strecken, die es in sich hat. Denn wer kann schon mit seinen Schultern den Hinterkopf berühren, und wer kann in seinem Rücken die Sonne aufgehen lassen? Mit dieser Übung ist beides möglich:

> Ich stelle mich mit schulterbreit versetzten Füßen auf und falte die Hände hinter meinem Rücken. Dann beuge ich mich mit dem Oberkörper nach vorne. Die nach hinten gestreckten Arme wandern – von den gefalteten Händen geführt – nach oben. Im oberen Teil des Rückens und im Nacken wird eine Spannung erzeugt, die ich durch das

Empordrücken der Arme noch verstärken kann. Die Hände bleiben gefaltet. So kann die Spannung im Nacken ruhig noch mehr erhöht werden. Die nachfolgende Entspannung ist dann umso angenehmer. Diese wird durch das Absenken der Arme eingeleitet. Dabei richtet sich der Oberkörper wieder auf. Haben die gefalteten Hände meine Hüfthöhe erreicht, lösen sie sich langsam voneinander. Nacken und Rücken entspannen sich. Es ist, als ob im Rücken die Sonne aufgeht. Auch die Arme entspannen sich, werden jetzt freigelassen. Darauf kommt es an. Wenn ich sie noch weiter kontrolliere oder daran denke, was ich jetzt *machen* muss, kommt es zu keiner freien Aufwärtsbewegung. Weil wir aber sehr viel Kontrolle und die Gewohnheit des Machens im Oberkörper haben, ist das zunächst schwierig. Ich muss mich an dieses öffnende Sich-bewegen-Lassen der Arme heranüben. Dann aber passiert es: Die Hände heben sich wie von selbst – in einer Bewegung, die aus dem ganzen Körper kommt und nicht bewusst gemacht ist. Aus diesem Aufschwung forme ich jetzt die ganze Bewegung der Zauberhände:

Zauberhände steigen hoch,
wie von selbst getragen,
schweben zu mir, sinken sacht,
woll'n mir etwas sagen.

Die Grundfigur wird mit einer natürlichen Öffnung eingeleitet. Diese Grundfigur wird dann variiert. Mit der rechten und dann mit der linken Hand wird jeweils ein Kreis «gemalt», der mir eine bestimmte Perspektive eröffnet. Dann in der nächsten Strophe: Die Zauberhände berühren mich, ich «begreife mich selbst», «fühle mich gut». Doch es wird auch mit Kontrasten gearbeitet. Häufig ist Tai-Chi ja durch harmonische Bewegungsfolgen geprägt. Aggressive Bewegungsimpulse werden entweder weggelassen oder allenfalls harmonisiert. In den Zauberhänden jedoch kommen sie zum Ausdruck: Es gibt Ärger, Ärger, Ärger. Die Fäuste ballen sich, das Gesicht ballt sich mit, die Stimme wird ebenfalls ärgerlich. (Manche Studenten plädieren dafür, diese Stelle wegzulassen.) Der Ärger wird angeschaut, aber nicht an jemand anderem ausgelassen. Als Fäuste können die Hände nichts fassen, nichts fühlen, nichts schöpfen. Eine Hand voll Sand zerrinnt, wenn ich die Faust balle. Doch so kann ich meinem Ärger Form geben, kann ihn anschauen, kann ihn erst einmal so stehen lassen. In der Regel kann ich dann auch anders mit ihm umgehen. Ärger und Fäusteballen sind anstrengend. Schließlich lösen sich die Fäuste ganz von selbst. Die Hände werden wieder beweglich, fühlsam und schöpferisch, sie können sich im Raum bewegen, können fühlsamen Kontakt zu ihrer Mitwelt aufnehmen. Am Schluss bildet die jeweilige Gruppe einen Kreis und berührt sich mit den Innenflächen der Hände. Alle Zauberhände zusammen bilden einen Kreis der Gegenseitigkeit bzw. des miteinander verbundenen und aufrechten Fühlens.

Vom Sitzen

Wir haben die Klatschtonleiter geklatscht, Fußrhythmus- und Trampellieder gesungen und gemerkt, dass Musik etwas mit Berührung zu tun hat. Wir haben uns Kraft und Energie aus Drachen- und Tigerliedern geholt. Und wir sind aus der Bewegung zur Ruhe gekommen. Gesessen sind wir dabei wenig. Und doch sitzen wir an immer mehr Orten und viel zu viel. Davon erzählt das nächste Gedicht, nach dem wir jedoch nicht sitzen bleiben, sondern eingehüllt von guten Klängen weitergehen.

Vom Sitzen

Sitzen, sitzen, sitzen,
nichts ist häufiger als Sitzen.
Ob beim Trinken oder Essen,
es wird immerzu gesessen.
Der Bauer sitzt auf dem Traktor,
der Rost sitzt auf dem Ofenrohr,
der Mensch, der sitzt auf seinem Po,
selbst im modernsten Großraumbüro.
Am Arbeitstisch und am Computer,
er sitzt, ja, nix als sitzen tut er.
Am Frühstückstisch, im Restaurant,
da wird gesessen, stundenlang.
Beim Onkel Doktor, im Theater,
da sitzt die Mutter, sitzt der Vater.
Im Park und auf der Gartenbank,
da sitzt man sich den Hintern blank.
Bei jederart Geselligkeit,
da sitzt man sich den Hintern breit.
Im Auto sitzt sich mancher krank.
Im Flugzeug sitzt man stundenlang.
Stets wächst sie, die Mobilität,
besonders, wenn es sehr bequem,
das heißt im Sitzen vorwärts geht.
Der Jetset sitzt von kreuz nach quer,
das Leben ist Sitzung, kein Lebenslauf mehr.
Wenn du was richtig haben willst:
drauf liegen, das nützt nix.
Drauf steh'n bringt auch nicht viel –
dir gehört, was du be-sitzt.
Doch willst du Buddha sitzen seh'n,
musst du zu einem Kind hingeh'n.
Sitzt kerzengrad, der kleine Held

> Ein Gedicht für alle Orte, wo viel gesessen wird.

und strahlt so selig in die Welt.
Doch in der Schule merkt das Kind,
dass immer einer vorne steht
und dass es hier dann jahrelang
erst mal ums Stillesitzen geht.
Und für Kinder nicht so brave
gibt es Nachsitzen als Strafe.
Dann heißt es, füg dich endlich drein,
willst du denn Sitzenbleiber sein?
Nie versteh'n die Kinder dann,
dass stilles Sitzen schön sein kann.

Beim Essen sitzt man sowieso,
und hinterher gibt's einen Stuhl,
sogar mit Brille, der heißt «Klo».
Was da passiert, wird hierzuland
dezent gesagt, «Stuhlgang» genannt.
Und steht das Kind beim Essen auf,
setzt man es auf sein Thrönchen drauf.
Ob Nachttopf, Sessel, ob Katheder,
ein kleines Thrönchen, das braucht jeder.
Der Mensch hat Sitzfleisch wie sonst kein Tier.
Das sage ich auch zu dir und mir.
Und Nietzsche schimpfte: Was das heißt?
Es ist Sünde wider den Heiligen Geist.
Nur ergang'ne Gedanken haben Wert,
das Sitzen, das ist unerhört.
So schimpfte der geistreiche Mann
und kam doch an die Seele
vom Sitzen nicht ran.

Sitzen kannst du sitzgemäß,
denn der Mensch hat ein Gesäß,
harte Knochen, fühl mal nach:

Aufrichtung wie Kerzenflammen?
Oder sinken wir zusammen?
Sitzen wir so aufrecht dann,
dass der Atem atmen kann?
Nichts ist eingequetscht und schräg,
nichts dem Sitzen mehr im Weg?
Sitzen sitzt genau gesehen
mittendrin zwischen Liegen und Stehen.
Wer liegt, kann ruh'n, muss auf nichts bau'n,
kann sich der Erde anvertrau'n.
Wer steht, ist wach, braucht Tat, braucht Tun,
Sitzen ist beides, Erwachen und Ruh'n.
Buddha hat sich zur Erleuchtung gesessen,
hat sitzend und sitzend sein Ego vergessen.
Gott sitzt hoch auf dem Himmelsthron
beim Heiligen Geist und dem eigenen Sohn.
So kann man's auf alten Bildern seh'n.

Doch was ist dann mit dem Sitzen gescheh'n?
Dann saßen die kleine Götter auf Erden,
Autoritäten mit Machtgebärden.
(Könige, Päpste, Pharaonen,
weise und mächtig,
manche auch Drohnen.)
Wurden in Sänften herumgetragen
oder fuhren in goldenen Wagen.
Das einfache Volk saß mit frommer Gebärde
zu ihren Füßen auf der Erde.
Hockten sich einfach hin auf den Boden;
doch bald gab's dafür auch andre Methoden.
Da setzte sich einer auf einen Stein,
für den zweiten musst' es ein Baumstumpf sein.
Es hob sich der Hintern vom kleinen Mann,
was man an den Stuhlformen sehen kann.

Stuhl kommt von Stehen, hat Rücken und Beine,
Armlehnen manchmal, und er steht von alleine.
Ob ich drin versinke oder will lieber geh'n,
an meinem Sitzen kann man es seh'n.
Doch mir sagen jetzt meine Beine was:
Wir gehören zu jemand, der zu lange saß.
Der achtet uns nicht, es ist kaum zu fassen.
Das können wir nicht auf uns sitzen lassen.
Steh auf und reck dich, streck deine Glieder!
Und wenn du Ruhe brauchst, leg dich halt nieder.
Steh auf und reck dich, sei klug und gewitzt –
Move your ass! Are you ready?
Na bitte, das sitzt!

Zum Ausklang:
Der Gang zum Gong   Sprechgesang

Ging geng gang gong*   * Diese Zeile kann in
              ständiger Wiederholung
Ich ging den Gang   als Klangteppich gesun-
zum Gong entlang.   gen werden. Außerdem
Den Gang zum Gong   kann dieser Sprechgesang
ging ich entlang   in gemessenen Schritten
und nahm den Schwengel, er-gangen werden.
und da klang
der Klang vom Gong
den Gang entlang,
bis dass im Gang
der Gong verklang,
verklang im Gang
der Gong so lang.
Ging geng gang gong

Anmerkungen

1. Lucia Capacchione: Die Kraft der anderen Hand. München 1990.

2. Nach Gerda Verden-Zöller: Mutter-Kind-Spiel: Die biologische Fundierung des Selbstbewusstseins und des sozialen Bewusstseins. In: Humberto Maturana, Gerda Verden-Zöller: Liebe und Spiel. Die vergessenen Grundlagen des Menschseins. Heidelberg 1993, S. 88–173.

3. Verden-Zöller, a. a. O., S. 110.

4. Peter Greb: Godo. Mit dem Herzen gehen. Burgrain 2000.

5. Tilde Michels: Allerhand. Boppard 1995, S. 36–37.

6. Weitere Praxisvorschläge für dieses Lied von Friedrich Neumann in der Zeitschrift: Musik in der Grundschule, Heft 1, 1998, S. 16–21.

7. Maria Montessori: Kinder lernen schöpferisch. Freiburg 1994, S. 132–133.

8. Diese Übung wurde angeregt durch Reinhard Brunner: Das ist meine Hand. In: Hörst du die Stille. Stuttgart 1991, S. 17–18.

9. An dieser Stelle sei ausdrücklich auf die Arbeit von Dr. Zuzana Sebkova-Thaller verwiesen, die sich neuartig und ausführlich mit «Qigong mit Kindern» beschäftigt hat. Ihre Bücher und Tonträger (z. B. «Der Wurm im Apfel» und «Der Maulwurf kommt ans Tageslicht») sind im Hernoul-le-Fin-Verlag, Markt Berolzheim, erschienen.

Quellennachweis

Aus: Vahle: *Der Himmel fiel aus allen Wolken*, 1994/Vahle: *Hupp Tsching Pau, Das Bewegungsliederbuch*, 1996/2001
Mit freundlicher Genehmigung Beltz Verlag, Weinheim und Basel:

Gedicht vom Ich
Hokus pokus fidibus
Der Gang zum Gong
Vom Schweigen der Indianer
Kreisen, kreisen
Uhrmachermeister Klopstock
Der kleine freche Wüstenfuchs
Bauch- und Popoklatschlied
Der kleine König
Papa mag Grappa

Aus: Vahle: *Der kleine freche Wüstenfuchs*, 1995, Patmos Verlag GmbH & Co. KG, Düsseldorf
Mit freundlicher Genehmigung des Patmos Verlags:

Bauch- und Popoklatschlied
Der kleine freche Wüstenfuchs
Hokus pokus fidibus

Literatur

Reinhard Brunner: *Hörst du die Stille.* Stuttgart 1991.

Lucia Capacchione: *Die Kraft der anderen Hand.* München 1990.

Peter Greb: *Godo. Mit dem Herzen gehen.* Burgrain 2000.

Tilde Michels: *Allerhand.* Boppard 1995.

Maria Montessori: *Kinder lernen schöpferisch.* Freiburg 1994.

Friedrich Neumann: *Okä awimba.* In: Musik in der Grundschule, Heft 1, 1998, S. 16–21.

Gerda Verden-Zöller: *Mutter-Kind-Spiel: Die biologische Fundierung des Selbstbewusstseins und des sozialen Bewusstseins.* In: Humberto Maturana, Gerda Verden-Zöller: Liebe und Spiel. Die vergessenen Grundlagen des Menschseins. Heidelberg 1993, S. 88–173.

Vahle, Fredrik:
– *Kinderlied. Erkundungen zu einer frühen Form der Poesie im Menschenleben* (Beltz Grüne Reihe). Weinheim/Basel 1992.
– *Der Himmel fiel aus allen Wolken.* Gedichte. Weinheim/Basel 1994.
– *Der kleine freche Wüstenfuchs.* Liederheft mit Anleitungen. Düsseldorf 1995.
– *Hupp Tsching Pau.* Bewegungsliederbuch. Weinheim/Basel 1996.

Fredrik Vahle und Renate Zimmer: *Ping Pong Pinguin. Spiel- und Bewegungslieder zur psychomotorischen Förderung.* Freiburg/Basel/Wien 2000.